Châtré...

Construit à partir de « châtrer », du verbe latin *castrare*, rendre impuissant un animal ou un homme... Autrefois, en Italie, certains enfants étaient **« châtrés »** (et devenaient des castrats) pour conserver leur voix de soprano. Cette pratique barbare a disparu, mais dire de quelqu'un qu'il est **« châtré »**, c'est lui dénier par métaphore toute virilité, toute force, et le considérer comme un impuissant en toutes choses... De toutes les manières, cette insulte ne favorise pas les rapprochements...

- **Pour ceux qui n'aiment pas l'opéra :** *... de couilles au cul.*
- **En restant poli :** *mollasson.*
- **Avec classe :** *chanteur de la Chapelle Si*

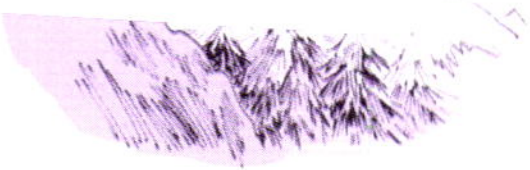

Bouffon...

Personnage du théâtre italien, le « *buffone* » fait d'abord rire ; mais en quittant la scène, le **« bouffon »** perd de son pouvoir comique et devient une insulte pour faire savoir à quelqu'un que l'on n'a aucune considération pour ce qu'il dit ou ce qu'il fait. On retrouve ce manque de crédibilité dans cette insulte couramment utilisée dans les cités des banlieues : **« Ziva, t'es un bouffon toi ! »**.

- **Pour les amateurs de sonorités en « o » :** *charlot, guignolo, rigolo.*
- **En restant poli :** *pitre, plaisantin.*
- **Avec classe :** *histrion, votre vacuité est affligeante.*

Découvrez aussi, dans la collection Le petit livre de :

Petit Tour de France
des expressions populaires
2,90 €
ISBN : 978-2-75402-068-8

Le petit livre
des grandes phrases
2,90 €
ISBN : 978-2-75401-760-2

Le petit livre
des gros mots,
2,90 €
ISBN : 978-2-75400-383-4

Dans la collection Au pied de la lettre :

À la file indienne
9,90 €
ISBN : 978-2-75401-995-8

À la queue leu leu
9,90 €
ISBN : 978-2-75400-634-7

Truie…

Du latin *porcus troianus*, porc farci. Si dans « tout homme sommeille un cochon », la parité invite à rappeler qu'une femme peut être comparée à une **« vraie truie »**, amabilité pour signaler ses manières peu élégantes. Tout esprit de galanterie aura disparu si vous employiez l'expression **« grosse truie »**, façon de souligner une surcharge pondérale jugée disgracieuse.

- **Sans quitter la porcherie :** *boudin, cochonne.*
- **En restant poli :** *malpropre, souillon.*
- **Avec classe :** *imperfection au féminin.*

Cornard…

Dérivé de « corne », du latin *corna*. On sait que le suffixe péjoratif « ard » n'annonce rien de bon : **« cornard »** confirme cela, car il s'agit d'une insulte adressée à un homme trompé par sa femme et qui, par métaphore, est donc porteur de cornes (la réduction au rang d'animal étant signe d'avilissement !). Souvent, l'emploi de cette invective ne repose pas nécessairement sur une réalité, elle n'en a que plus d'effet sur le destinataire !

- **Autres amabilités :** *baisé, cocu.*
- **En restant poli :** *homme trompé.*
- **Avec classe :** *cerf de l'amour.*

Charogne...

Du latin *caronia*, la chair de cadavre. Voilà une injure qui ne sent pas très bon ! Son emploi traduit à la fois du mépris et un vif dégoût suggéré par les supposées odeurs pestilentielles. De ce point de vue (si l'on ose dire !), on admirera la performance de Baudelaire qui a fait entrer ce mot en poésie dans un texte des *Fleurs du Mal*. Pour les amateurs de sensations fortes, **« vieille charogne »** est l'expression d'un écœurement absolu.

- **Si vous avez quelqu'un dans le « nez » :** *fumier, ordure, pourriture.*
- **En restant poli :** *sale type.*
- **Avec classe :** *tonneau de miasmes putrides.*

Bougre…

Du latin *bulgarus*, bulgare. Aujourd'hui, **« bougre »** accompagne souvent un autre mot dans des jurons ou des insultes comme **« bougre d'idiot »**, **« bougre d'imbécile »**. Les amateurs de ce terme apprécieront sans doute de savoir qu'au Moyen Âge, il désignait un hérétique mais aussi un homosexuel, ce qui peut donner un sens particulier à l'innocente expression, **« c'est un bon bougre »**…

- **Au féminin :** *bougresse.*
- **En restant poli :** *espèce d'animal.*
- **Avec classe :** *espèce de Bologomite (Bulgare hérétique au xe siècle).*

Truffe...

Du latin *tufera*, tubercule. Qu'elle soit blanche, noire, du Périgord ou en chocolat, la **« truffe »** est très appréciée ; mais cette unanimité disparaît quand on dit de quelqu'un **« quelle truffe ! »** pour exprimer un abattement devant sa bêtise, manière de le mettre plus bas que terre, allusion probable à l'origine souterraine de la **« truffe »** !

- **Quelques gourmandises :** *abruti, balourd, empoté, gaffeur, quiche, tronche de cake.*
- **En restant poli :** *balourd, maladroit.*
- **Avec classe :** *manque de nez.*

Corniaud…

Dérivé du latin *corna*, coin. Étymologiquement, le « corniaud » est donc un chien bâtard, né au coin des rues ; évidemment appliqué à l'homme, on saisit immédiatement la subtilité péjorative du terme : un **« corniaud »** désigne une personne aux qualités intellectuelles soigneusement dissimulées…

- **Si l'on aime les bêtes, on dira plutôt :** *balourd, demeuré, tâche.*
- **En restant poli :** *niais, sot.*
- **Avec classe :** *chien né sous X.*

Charlot...

Il s'agit du diminutif de *Charles*, le personnage comique créé par l'acteur Charlie Chaplin à l'époque du cinéma muet. Dans chaque film, « Charlot » apparaissait comme un être décalé mais drôle, mal adapté, toujours prompt à se lancer dans des situations catastrophiques dont le spectateur pouvait rire. Aujourd'hui traiter quelqu'un de **« charlot »** n'évoque pas un talent de comédien, mais un manque de sérieux gênant.

- **Pour le cinéma parlant :** *branleur, guignol, rigolo.*
- **En restant poli :** *incompétent, fantaisiste.*
- **Avec classe :** *cousin de Charlie.*

Boule...

Du latin *bulla*, bulle puis boule… Ce terme désigne toutes sortes de corps sphériques, c'est pourquoi, il n'a pas échappé à l'œil humain que les testicules avaient toutes les caractéristiques des **« boules »**. Cette partie fragile et essentielle de l'anatomie masculine est particulièrement sensible aux émotions, dès lors, elle peut être évoquée pour exprimer un état d'énervement dans l'expression **« avoir les boules »**.

- **Pour les biologistes :** *avoir les glandes.*
- **En restant poli :** *être énervé.*
- **Avec classe :** *avoir les gonades en souffrance.*

Trouillard...

7 Juillet

Dérivé du verbe de l'ancien français, *troillier*, broyer. Les amateurs noteront que le mot « trouille », synonyme de peur, signifie « colique ». Le **« trouillard »** a donc la trouille : les poètes diraient « qu'il chie dans son froc ». On comprend alors que traiter quelqu'un de **« trouillard »** ne le met pas en odeur de sainteté...

- **Pour allonger la liste en « ard » :** *froussard, pétochard.*
- **En restant poli :** *peureux.*
- **Avec classe :** *anti-Bayard.*

Pisse...

26
Juin

Dérivé du verbe latin *pissiare*, uriner. Les productions du corps sont rarement évoquées pour magnifier la nature humaine : ainsi, le terme **« pisse »**, synonyme d'urine (du latin *aurina*, liquide couleur d'or !), au même titre que « merde », sert à toute une série de dévalorisations.

- **Au rayon « pisse » :** *pisse-copie (journaliste à la tâche) ; pisse-froid (homme sans humour) ; pisse-vinaigre (grincheux).*
- **En restant poli :** *urine.*
- **Avec classe :** *miction.*

Piqué...

Dérivé du verbe latin *pikkare*, piquer, frapper. Il y a « piqué et piqué » : lorsqu'une note de musique est **« piquée »**, cela indique une manière de la jouer, tout va bien ; en revanche lorsqu'un miroir est **« piqué »** (marqué par de petites tâches), qu'un vin est **« piqué »** (devenu acide et imbuvable) ou pire que vous êtes obligé de dire à quelqu'un faisant n'importe quoi qu'il est complètement **« piqué »**, alors ouille ouille ouille !

- **Autres piqûres pour l'humanité :** *barjot, cinglé, dingo, toqué.*
- **En restant poli :** *dérangé, fou.*
- **Avec classe :** *cerveau en pointe.*

Cornichon…

Diminutif du latin *cornu*, excroissance. Ce petit concombre est aussi une petite insulte ou un petit juron que l'on emploie pour souligner la maladresse ou la naïveté. Cependant, malgré son aspect inoffensif, être traité de **« cornichon »** n'est guère exaltant, car on sait qu'être assimilé à un légume n'est jamais très valorisant…

- **Pour les amateurs de légumes :** *courge, gourde, patate, truffe.*
- **En restant poli :** *idiot, niais.*
- **Avec classe :** *cucurbitacée, gaucher des deux mains.*

Charlatan...

De l'italien *ciarlatano*, dérivé du verbe *ciarlare*, bavarder, jaser. À l'origine, le **« charlatan »** vendait dans les foires toutes sortes de produits et de services en attirant les clients par des boniments plus ou moins sérieux, notamment des drogues censées guérir. Le **« charlatan »** est donc devenu très vite synonyme de mauvais médecin, avant de s'étendre à d'autres professions, notamment celles qui utilisent la parole : ainsi, aujourd'hui, le **« charlatan »** peut faire de la politique. Si, si, vous pouvez trouver des exemples !

- **Si la politique ne vous intéresse pas :** *escroc, truand, voyou.*
- **En restant poli :** *démagogue, menteur.*
- **Avec classe :** *coach en communication.*

Bourrin…

D'origine dialectale de l'Ouest (Anjou, Poitou, Vendée) « bourrin » désignait un âne. Mais au début du XXe siècle, les militaires l'ont employé pour désigner un cheval et se rappelant sans doute qu'il s'agissait là de la plus noble conquête de l'homme, l'ont fait glisser dans leur argot pour désigner une prostituée. Aujourd'hui, traiter de quelqu'un de **« bourrin »** sert surtout pour souligner ses manières un peu frustes.

- **Si vous ne voulez pas attendre la cavalerie :** *beauf, bœuf, lourdingue.*
- **En restant poli :** *pataud, lourdaud.*
- **Avec classe :** *Pégase de Milo.*

Pipe…

Dérivé du verbe latin *pipare*, piauler, glousser. En terre, en porcelaine, en bois de bruyère, la pipe, petit fourneau prolongé par un tuyau, est un instrument pour fumer le tabac. Mais personne n'ignore que **« nom d'une pipe »** est aussi un juron familier un peu désuet et que **« tailler une pipe »** est une pratique sexuelle. Mais personne n'ignore non plus que fumer nuit gravement à la santé…

- **Pour une vie saine :** *merde, putain ; faire une turlute, gâterie, taquiner le goujon.*
- **En restant poli :** *fichtre, zut ; fellation.*
- **Avec classe :** *par l'Olympe ; aspiration à jouir d'une vie meilleure.*

Couilles...

Du latin *coleus*, les testicules. Ces glandes productrices de spermatozoïdes, les **« couilles »** donc, produisent aussi un des gros mots les plus employés de la langue française : **« couilles molles »**. Elles traduisent la lâcheté, en revanche **« couilles au cul »** exprime le cran, le courage. Il faudra préférer se faire **« des couilles en or »**, gagner beaucoup d'argent, plutôt que de gérer une affaire qui **« part en couilles »**, c'est-à-dire mal engagée.

- **Pour varier les plaisirs :** *boules, grelots, rognons, joyeuses, roubignoles, les orphelines.*
- **En restant poli :** *glandes, parties.*
- **Avec classe :** *les jumelles de l'espoir.*

Troufignon…

Composé de « trou », du latin *traucum* et de « fignon », dérivé de « fin », du latin *finis*, point extrême. Depuis le XVIe siècle, le **« troufignon »** est un terme argotique qui a rejoint la longue liste des mots désignant l'anus. **« Avoir mal au troufignon »**, c'est donc « avoir mal au cul » ; si l'on est ennemi de la routine et que l'on souhaite manifester son mécontentement à une personne, on pourra lui lancer un **« espèce de troufignon ! »** à la place du trop classique « espèce de trou du cul ! ».

Pour mémoire : *peigne-cul, tête de cul, trouduc.*

En restant poli : *minable, misérable.*

Avec classe : *homme du fond.*

Pisseuse…

Dérivé du verbe latin *pissiare*, pisser. Comme son homologue masculin « pisseux », la **« pisseuse »** désigne avec mépris une personne (plutôt une jeune fille) dont on met en doute les capacités à faire quoi que ce soit, à part « pisser » évidemment ! On notera qu'au féminin, l'injure prend une connotation sexiste.

- **Si cela ne vient pas :** *petite branleuse, greluche, merdeuse, pouffiasse.*
- **En restant poli :** *minette, prétentieuse.*
- **Avec classe :** *Vénus en dérangement.*

Maquereau...

Du néerlandais *makelâre*, courtier. Ce terme désigne un personnage qui exploite des femmes en les obligeant à se prostituer. Traiter une personne de **« maquereau »**, c'est donc dénoncer son mode de vie fondé sur l'exploitation (sexuelle, matérielle, morale) d'autrui.

- **Dans les eaux troubles du maquereau, on peut trouver aussi :** *gigolo, mac, souteneur.*
- **En restant poli :** *proxénète.*
- **Avec classe :** *exploiteur de l'avenir de l'homme.*

Fou...

Du latin *follis*, ballon plein d'air. Qualifie d'abord quelqu'un qui souffre de troubles mentaux, mais sert aussi d'insulte pour traduire une incompréhension, une colère devant un comportement illogique : l'amplitude des expressions peut aller du diagnostic général **« espèce de fou »** à l'inquiétant constat **« fou à lier »**.

- **Si vous êtes électricien ou agent EDF :** *il n'a pas la lumière à tous les étages ; il a disjoncté ; il a pété les plombs.*
- **En restant poli :** *aliéné mental, dérangé.*
- **Avec classe :** *intermittent de la raison.*

Couillon...

Dérivé du latin *coleus*, les testicules. Les parties génitales ont de multiples usages, parfois surprenants : ainsi, le **« couillon »** désignera un homme au comportement imbécile ou lâche alors qu'un homme « couillu » indiquera une fermeté de caractère. Mystère de la nature humaine...

- **Sans sexualité :** *abruti, dégonflé, taré.*
- **En restant poli :** *sot, poltron.*
- **Avec classe :** *essai de la nature.*

Pine…

20 Juin

Du latin *pinea*, pomme de pin. Les amateurs de fantasmes pourraient imaginer un obélisque sur lequel seraient gravés tous les gros mots désignant le sexe masculin ; dans la longue liste, **« pine »** permettrait éventuellement de combler un trou… de mémoire.

- **Tout, tout, vous saurez presque tout sur :** *biroute, bite, dard, engin, lime, manche, quéquette, zizi, zob.*
- **En restant poli :** *membre viril.*
- **Avec classe :** *membre bienfaiteur.*

Margoulin…

Dérivé du verbe « margouliner » (employé autrefois dans la région du Bas-Maine) au sens de « vendre de bourg en bourg ». Le **« margoulin »** est donc un marchand ambulant qui se sert beaucoup de sa « goule » (gueule) pour attirer le chaland, et qui est prêt à donner à ses articles plus de qualités qu'ils n'en ont réellement… C'est cette pratique douteuse qui fait du **« margoulin »** un commerçant peu scrupuleux et souvent malhonnête. Évidemment, les caractéristiques du **« margoulin »** peuvent se retrouver (hélas !) dans de nombreuses professions…

- **Si vous ne voyez pas où se trouve le Bas-Maine :** *embobineur, empapaouteur, crapule, enflure, fripouille, magouilleur, salopard, voyou.*
- **En restant poli :** *escroc, scélérat, truand.*
- **Avec classe :** *matamore de la vente.*

Chameau…

Du latin *camelus*, ce grand mammifère à deux bosses, « vaisseau du désert », est parfois confondu avec son cousin le dromadaire qui n'a qu'une bosse ! Pourtant, on ne traitera jamais quelqu'un de « dromadaire », en revanche, **« chameau »** ou **« vieux chameau »** pourra servir pour marquer le caractère irascible, désagréable, ou vicieux d'une personne.

- **Si l'on aime les animaux ou si on est loin d'un désert :** *cochon, vache.*
- **En restant poli :** *goujat, malotru.*
- **Avec classe :** *avoir la bosse des mauvaises manières…*

Bourrique...

Emprunté à l'espagnol *burrico*, âne. Cet animal pourtant si attachant et courageux souffre de préjugés défavorables dans la tradition populaire. Ainsi, se faire traiter de **« bourrique »**, d'**« espèce de bourrique »** ou de **« vraie bourrique »** ne relève pas du compliment, mais d'une petite insulte soulignant le caractère têtu et obtus, censé être la caractéristique principale de la bourrique.

- **Si on aime bien les bêtes, on choisira plutôt :** *abruti, chieur, emmerdeur, gros nase.*
- **En restant poli :** *entêté, idiot, âne bâté.*
- **Avec classe :** *cerveau granitique, comportement asinien.*

Tordu...

Dérivé de « tordre », du latin *torcere*. On sait que la vie n'est pas un long fleuve tranquille et qu'elle emprunte toutes sortes de sinuosités. C'est pourquoi, traiter quelqu'un de **« tordu »** doit inciter à la plus grande prudence, car cela indique que son comportement est bizarre, peut-être celui d'un fou. Dès lors, il faut se méfier d'un **« coup tordu »** !

- **Avec la camisole :** *allumé, dingue, fada, givré, zinzin.*
- **En restant poli :** *fou, pas net.*
- **Avec classe :** *les neurones en désordre.*

Pisseux...

Dérivé du verbe latin *pissiare*, pisser. Réduire quelqu'un à sa fonction urinaire n'est évidemment pas un compliment ; traiter un individu de **« pisseux »**, c'est considérer avec mépris qu'il ne maîtrise pas grand-chose (y compris de se retenir d'uriner !).

- **Si vous voulez changer de matière :** *petit merdeux.*
- **En restant poli :** *pauvre type.*
- **Avec classe :** *Vespasien.*

Barbouze…

Dérivé du latin *barba*, la barbe. Le chevalier d'Éon, célèbre espion du XVIIIe siècle, se faisait passer pour une femme pour accomplir ses missions ; parmi les autres déguisements possibles des agents secrets, c'est le port d'une barbe potiche qui a donné naissance au terme **« barbouze »**, né en 1961 au moment de la guerre d'Algérie. Mais avec ou sans barbe, traiter quelqu'un de **« barbouze »** n'est pas un compliment, car c'est supposer qu'il a commis des actes peu orthodoxes pour arriver à ses fins.

- **À consulter :** Les Barbouzes *(1964) de Georges Lautner, avec Lino Ventura, Bernard Blier, Francis Blanche, Charles Millot.*
- **En restant poli :** *agent secret.*
- **Avec classe :** *voyou d'État.*

Âne…

Du latin *asinus*. C'est bien connu, l'**« âne »** a bon dos, car ce charmant animal à longues oreilles est largement exploité pour ses qualités de résistance à porter de lourdes charges. Par ailleurs, il supporte une réputation, injustifiée mais tenace, d'idiotie : traiter quelqu'un **« d'âne »**, c'est signaler son déficit de raisonnement et une tendance à l'entêtement. De quoi braire !

- **Pour demeurer en famille :** *bourrique, bourricot.*
- **En restant poli :** *imbécile, sot.*
- **Avec classe :** *métempsychose ratée.*

Pignouf...

16 Juin

Son origine dialectale dérivée du verbe *pigner*, crier, pleurer. Cette petite insulte est aujourd'hui un peu désuète, mais mériterait de l'attention, car elle renvoie à une réalité toujours bien présente : dire de quelqu'un **« quel pignouf »**, c'est exprimer une exaspération devant la grossièreté de son attitude.

- **Plus moderne :** *caillera, quéqué.*
- **En restant poli :** *fripouille, rustre.*
- **Avec classe :** *ours mal léché.*

Mariolle…

Construit à partir de l'italien *mariolo*, de Marie, la Vierge. C'est sans doute son origine méridionale qui explique la connotation d'outrance attachée à ce terme. Ainsi, être traité de **« mariolle »** exprime un sérieux doute sur le sérieux et la compétence ; quant à **« faire le mariolle »**, c'est tenter de se mettre en vain à son avantage et se l'entendre dire ironiquement.

- **Si vous n'êtes pas du Sud :** *branleur, charlot, guignol, petit merdeux.*
- **En restant poli :** *m'as-tu-vu, fanfaron.*
- **Avec classe :** *roi de la gourmette et de la chemise ouverte.*

Cave...

Du latin *cavus*, creux. Attention, ici le terme n'est pas féminin, il ne s'agit pas de « la cave », local souterrain sous une habitation, mais d'**« un cave »**, terme masculin qui désignait à l'origine dans l'argot des truands celui qui n'était pas du milieu et pouvait être trompé facilement ; qui était « creux » en quelque sorte...

- **Dans le milieu des honnêtes gens :** *ballot, couillon, gros bêta.*
- **En restant poli :** *crédule, candide.*
- **Avec classe :** *ami de Cunégonde.*

Bouseux…

Probablement héritage gaulois, de *bawa*, boue, saleté. Tout citadin a des origines rurales dont il peut penser s'être affranchi ou qu'il voudrait ignorer : ainsi le traiter de **« bouseux »** c'est lui rappeler que son comportement, par son manque de finesse, montre qu'il n'a pas évolué depuis ces temps reculés où ses ancêtres pataugeaient dans la même boue que celle des animaux de la ferme où ils vivaient.

- **Pour montrer l'étendue de votre vocabulaire rural :** *cul-terreux, péquenaud, plouc.*
- **En restant poli :** *paysan, rustre.*
- **Avec classe :** *urbain sur le retour.*

Toqué...

Dérivé de l'onomatopée « tok » et du verbe latin *toccare*, heurter, frapper. La tête est le siège de la raison ; dès lors, on imagine bien que si elle subit un choc, cela peut avoir des conséquences. **« Un toqué »** n'a donc plus toute sa lucidité et est un peu fou. Attention à ne pas confondre avec un cuisinier **« toqué »** dans un guide gastronomique !

- **La folie au pied de la lettre :** *timbré.*
- **En restant poli :** *bizarre, fou.*
- **Avec classe :** *séisme de tête.*

Plaie…

Du latin *plaga*, coup, blessure. Si l'on peut se convaincre que le proverbe **« plaie d'argent n'est pas mortelle »** est une bonne philosophie, en revanche, il est plus difficile de supporter la compagnie d'une **« plaie »,** autrement dit d'une personne insupportable, sauf solution extrême **« à retourner le couteau dans la plaie »** !

- **Autres « blessures » :** *abruti, boulet, chieur, enquiquineur, purge, sagouin.*
- **En restant poli :** *gêneur, malappris.*
- **Avec classe :** *fait ce qui lui plaît.*

Baratineur...

13 Juin

Dérivé de l'ancien français *barater*, tromper. Paroles, paroles... Le **« baratineur »** baratine, autrement dit, cherche à abuser, à tromper, à séduire, par un discours abondant et bien rôdé. Devant un tel personnage, spécialiste des paroles creuses, la prudence s'impose, surtout si l'on sait que le baratin désignait autrefois dans l'argot des voleurs un portefeuille vide que le voleur donnait à un complice !

- **Confrérie du vent :** *bonimenteur, embobineur, enculeur de mouches.*
- **En restant poli :** *charlatan, mythomane.*
- **Avec classe :** *Don Juan du discours.*

Cochonne...

21 Juillet

Même mystère que pour le « cochon » ! On ignore l'origine de **« cochonne »**, mais ce qui est sûr, c'est que ces deux-là ont fait des petits ! Et pas seulement chez les mammifères de l'ordre des artiodactyles (porcs et sangliers), puisqu'une **« cochonne »** désigne aussi une personne sale ou qui a une propension à tout salir. Ici, le féminin **« cochonne »** suggère également un comportement débridé sur le plan sexuel… Dès lors, selon la circonstance, l'exclamation **« ah, quelle cochonne ! »**, peut traduire une insulte ou un plaisir non dissimulé. À vous de choisir !

- **L'excès au féminin :** *grosse dégueulasse, petite salope, obsédée du cul, grosse truie.*
- **En restant poli :** *grivoise, sale.*
- **Avec classe :** *Vénus d'Eumée (le fidèle porcher d'Ulysse).*

Bidon…

Du scandinave *bida*, vase. Il est ici question d'un récipient portatif pour le transport de la nourriture et du liquide. Dans l'univers impitoyable de l'insulte, dire de quelqu'un qu'il est **« bidon »**, c'est signaler sa vantardise, son aspect peu fiable.

- **Si vous ne manquez pas d'air :** *joueur de pipeau.*
- **En restant poli :** *fanfaron, baratineur.*
- **Avec classe :** *Tartarin de Tarascon ; outre vide.*

Arnaqueur…

Dérivé du verbe d'argot *hanarcher*, amuser afin d'escroquer. On retrouve dans l'étymologie du terme **« arnaqueur »** l'idée de s'amuser… Mais c'est un amusement aux dépens, car constater que l'on a été victime d'un **« arnaqueur »**, autrement dit d'un escroc, ne fait pas bondir de joie.

- **Individus à éviter :** *crapule, fripouille, gangster, loufiat, margoulin.*
- **En restant poli :** *aigrefin, voleur.*
- **Avec classe :** *chasseur d'expédients.*

Tocard...

Du normand *toquart*, tête. Le parieur de courses hippiques évite de miser sur **« tocard »**, autrement dit un mauvais cheval qui n'a aucune chance de gagner. Chez les humains, la signification est la même : traiter quelqu'un de **« tocard »**, c'est le considérer comme un perdant, un inutile dont on peut se passer.

- **En anglais :** *loser.*
- **En restant poli :** *malchanceux, perdant.*
- **Avec classe :** *pied de podium.*

Planqué...

Variante dérivée du sens argotique du verbe « planter », mettre, cacher. Dans la vie, il y a ceux qui sont en première ligne et s'exposent à toutes sortes d'aléas, et les autres qui restent prudemment (lâchement) en arrière, attendant de voir ce qui va se passer : dès lors, on comprendra que les personnes de la première catégorie traitent avec mépris ceux qui ne prennent aucun risque et les appellent des **« planqués »**.

- **Pour les lignes arrière :** *embusqué, pétochard, pisseux, poule mouillée, trouillard.*
- **En restant poli :** *lâche, pleutre.*
- **Avec classe :** *observateur professionnel.*

Catin...

Dérivé par abréviation du prénom « Catherine ». Encore une preuve supplémentaire que la nature humaine a une propension à favoriser le mal au détriment du bien : en effet, au XVIe siècle, une **« catin »** pouvait être un terme d'affection pour une jeune fille ou désigner une femme de mauvaises mœurs, autrement dit une « putain » ; c'est ce dernier sens, aujourd'hui un peu littéraire, qui a franchi les siècles ! Vous ne pourrez pas dire que vous n'avez pas été prévenu.

- **Pour le quotidien :** *putain, pute, salope.*
- **En restant poli :** *demi-mondaine.*
- **Avec classe :** *Vénus mortelle.*

Boutonneux...

Dérivé de « bouter » du francique *botan*, frapper, pousser. D'acné, de varicelle, de fièvre, les boutons sont rarement des expressions esthétiques ! On sait que l'adolescence est un âge propice à leur expansion sur le visage, dès lors, traiter quelqu'un de **« boutonneux »** peut être une manière de le rabrouer en faisant allusion à son inexpérience : **« jeune boutonneux »** renforce efficacement l'expression du dédain.

- **Si la peau est lisse :** *branleur, jeune con, petit merdeux, quéqué.*
- **En restant poli :** *perdreau de l'année.*
- **Avec classe :** *prince de l'acné.*

Pétochard…

Dérivé de « pétoche », la peur dans l'argot des poilus de 14-18, du verbe *pedere*, péter. Le suffixe « ard » est souvent péjoratif ; c'est le cas ici : le **« pétochard »** désignant un individu qui manque de courage. Il est probable que la signification de ce terme a été influencée par « chier dans son froc » qui évoque une grande peur ; le **« pétochard »** éprouvant alors l'étape précédente (« péter dans son froc » donc !)…

- **Pour les amateurs d'« ard » :** *froussard, trouillard.*
- **En restant poli :** *peureux.*
- **Avec classe :** *pusillanime.*

Marlou...

25 Juillet

Origine incertaine, peut-être dérivé du latin *merula*, merle. Cet oiseau a sans doute donné sa réputation d'animal rusé au **« marlou »** qui désignait autrefois un homme rusé. En revanche, le **« marlou »** contemporain est moins reluisant, car il désigne un proxénète. On peut si l'on aime les rapprochements étranges, tout en conservant un souvenir de l'étymologie du terme, dire qu'un « maquereau » est un drôle d'oiseau !

- **Pour la « réflexion » :** *une gueule de miroir à putains.*
- **En restant poli :** *proxénète, souteneur.*
- **Avec classe :** *oiseau de proie.*

Fossile...

Du latin *fossilis*, tiré de la terre. Pour les passionnés des temps anciens, de la préhistoire, les fossiles évoquent des espèces disparues dont on retrouve parfois des vestiges dans le sol. Dès lors, traiter une personne de **« fossile »**, c'est lui signifier que ses idées, son comportement, sont dépassés, démodés. On notera la formule redondante **« vieux fossile »** qui assimilera sans équivoque son destinataire à un dinosaure.

- **Si vous ne voulez pas vous baisser jusqu'à terre :** *débris*, has been, *vieux croûton, ramolli ringard.*
- **En restant poli :** *suranné, vieux.*
- **Avec classe :** *porteur de naphtaline.*

Couillonnade...

Dérivé de « couillon », du latin *coleus*, testicules. Mesurer le poids des actions demeure un exercice difficile ; on ne s'étonnera donc pas de voir le « couillon » (et ses « couilles ») utilisé pour fabriquer la **« couillonnade »**, bêtise, maladresse, aux conséquences en général limitées, mais capable de « châtrer » (enfin, de « châtier » !) son auteur !

- **Autres mesures :** *connerie, gaffe, merde.*
- **En restant poli :** *bourde, sottise.*
- **Avec classe :** *pensée sans la tête.*

Pétasse...

Dérivé du verbe latin *pedere*, péter. À l'origine, **« pétasse »** est une injure s'adressant à une femme que l'on voulait humilier en la comparant à une prostituée. Aujourd'hui, sans perdre de son agressivité, l'injure est devenue plus vague et désigne une femme qui, par son comportement ou son raisonnement, paraît digne de mépris.

- **Pour les champions qui aiment les « asses » :** *connasse, grognasse, pouffiasse.*
- **En restant poli :** *grue, idiote*
- **Avec classe :** *sirène sans fond.*

Marteau…

Du latin *martellus*, martel. Destiné à enfoncer des clous, le marteau peut se révéler un outil dangereux : on comprend aisément qu'une personne ayant reçu un coup de marteau sur le crâne n'ait plus « toute sa tête » et soit plus ou moins « dérangée ». Dire de quelqu'un qu'il est **« marteau »** est donc une image forte pour signifier qu'il n'a plus toute sa raison.

- **Si vous n'êtes pas bricoleur ou charpentier :** *barjo, dingue, cinglé, timbré.*
- **En restant poli :** *bizarre, fou.*
- **Avec classe :** *chômeur de raison.*

Casse-couilles...

« Casse » vient du verbe latin *quatere*, briser, et « couilles » du latin *coleus*, testicules. Voici une belle association pour désigner un individu importun qui s'impose malgré tout : à défaut de poésie, **« casse-couilles »** donne toute intensité à cette présence indésirable.

- **Pour ne pas s'éloigner de la zone de « cassage » :** *casse-burnes, casse-cul.*
- **En restant poli :** *lourd, pénible.*
- **Avec classe :** *briseur d'intimité.*

Boxon...

Dérivé de l'anglais *box, bocson*, salon particulier dans un café ou une taverne. Les Français n'ont pas attendu que ce terme franchisse la Manche au début du XIXe, pour posséder leurs propres **« boxons »**, autrement dit, leurs bordels. Ces lieux de débauche donnent lieu à toutes sortes de désordres, et il n'est pas nécessaire d'être bilingue pour comprendre l'exclamation **« c'est le boxon ici ! »**.

- **Si vous ne maîtrisez que le français :** *bordel, lupanar.*
- **En restant poli :** *maison de tolérance ; désordre.*
- **Avec classe :** *cabaret de Vénus ; lieu aléatoire.*

Timbré...

5 Juin

Du grec *tumpanon*, tympan, tambour. L'idée de résonance associée à l'étymologie de **« timbré »** a sans doute contribué à son emploi dans le registre de l'insulte légère : ainsi un individu **« timbré »** semble ne plus avoir toute sa tête, comme s'il avait été heurté par un objet, cela expliquant qu'il « raisonne » alors de manière bizarre.

- **Du côté de la camisole :** *cinglé, givré, à la masse, maboul.*
- **En restant poli :** *malade mental.*
- **Avec classe :** *oblitéré du cortex.*

Plouc...

Abréviation des noms de communes bretonnes en « plouc » et en « ploug ». Cette insulte typiquement citadine est censée exprimer un sentiment de supériorité sur le rural, le **« plouc »**, ignorant les codes sociaux modernes de la vi le. Lequel **« plouc »** observe amusé le citadin intelligent fuyant régulièrement la ville (week-ends et vacances) pour rejoindre l'univers des **« ploucs »**.

- **Aux armes citadins :** *bouseux, cul-terreux, péquenaud.*
- **En restant poli :** *pauvre type.*
- **Avec classe :** *habitant du sillon.*

Bander...

Du francique *binda*, lien. À l'origine, **« bander »**, c'est donc tendre une bande que l'on serre. Mais on peut tendre, raidir, toutes sortes de choses : un arc, un esprit, des muscles et – oui, ne nous bandons pas les yeux – un sexe. Voilà, c'est dit ! Georges Brassens pensait à Fernande pour obtenir cet état ; à chacun ses petites manies...

- **Si vous ne connaissez pas la chanson de Brassens :** *avoir le bambou, avoir une balle dans le canon, redresser le coco.*
- **En restant poli :** *être en érection.*
- **Avec classe :** *droit de l'homme.*

Arriéré...

Du latin *retro*, en arrière. Dans un monde où l'on fait en permanence l'éloge de ceux qui vont de l'avant, on imagine bien qu'être qualifié d'**« arriéré »** n'est pas un compliment, mais plutôt l'expression d'un sérieux doute sur les capacités mentales.

- **Si vous aimez aller de l'avant :** *abruti, demeuré, emmanché, pauvre tache.*
- **En restant poli :** *débile, taré.*
- **Avec classe :** *cette personne a laissé ses synapses en jachère...*

Thon…

3 Juin

Du latin *thunnus*. Pourquoi ce grand poisson au long corps fusiforme et à la chair très appréciée se retrouve pris dans les mailles d'un bestiaire employé à des fins agressives ? Mystère ! Toujours est-il que dire d'une femme qu'elle est un **« thon »** n'est pas un compliment et suggère que ses formes physiques sont éloignées de l'idée que l'on se fait de la beauté. N'est pas sirène qui veut !

- **Si vous n'êtes pas « poisson » :** *bique, grand cheval, girafe, grosse vache.*
- **En restant poli :** *laideron.*
- **Avec classe :** *beauté intérieure.*

Pochard…

Dérivé de « poche », du francique *pokka*, bourse, sac. Le moins que l'on puisse dire, c'est qu'un **« pochard »** n'a pas sa langue dans sa poche puisque son activité principale est de s'enivrer. Traiter quelqu'un de **« sale pochard »**, c'est lui exprimer vertement une condamnation sans modération de sa consommation.

- **Petite série de poches :** *alcoolo, picoleur, poivrot, sac à vin, soûlard, soûlaud.*
- **En restant poli :** *alcoolique, ivrogne.*
- **Avec classe :** *sans mesure.*

Canaille...

Voilà une insulte mordante, car elle vient du latin *cane*, chien. Le philosophe qui sommeille en chacun de nous se rappellera combien « l'homme est un loup pour l'homme » et que le chien était à l'origine un loup ! On comprend alors que considérer une personne comme une **« canaille »**, c'est faire l'amer constat de sa malhonnêteté, de sa moralité douteuse. On notera avec un brin d'espoir sur l'humanité, le tour presque affectif de **« vieille canaille »** qui laisse penser que le temps atténue l'immoralité.

- **Si vous avez décidé d'être « mordant » :** *magouilleur, ordure, racaille, salaud.*
- **En restant poli :** *coquin, crapule, truand.*
- **Avec classe :** *prédateur à plein temps...*

Branleur...

Dérivé du verbe de l'ancien français *bransler*, secouer, agiter ; la signification sexuelle s'est développée en même temps que le sens de paresseux et de peu fiable. Un **« branleur »** est donc une personne peu travailleuse, qui fait semblant et manque d'efficacité, même si elle cherche à faire croire le contraire. On observera que traiter de **« petit branleur »** a l'avantage d'une double insulte : **« branleur »** qui établit le constat principal, et « petit » qui ajoute une pointe de mépris.

- **Pour rester sexuel :** *glandeur, jean-foutre.*
- **En restant poli :** *fainéant, bouché à l'émeri, esprit obtus.*
- **Avec classe :** *onaniste à temps partiel. Manchot des deux bras.*

Pet…

Du latin *peditum*, pet, vent. Les fonctions naturelles du corps transforment parfois l'homme en musicien : ainsi, le **« pet »**, ce gaz produit par l'intestin et qui sort plus ou moins bruyamment par l'anus. Mais notre imagination a fait de ce son un élément de diagnostic sur l'état physique ou mental d'une personne : **« elle a (toujours) un pet de travers »** traduit sa mauvaise humeur ou son penchant hypocondriaque. On notera aussi que transposé dans le domaine animal, le **« pet »** devient une unité de mesure : **« ça ne vaut pas un pet de lapin »** équivaut à « ça ne vaut rien ». Pfuitt !

- **Pour les jours sans vent :** *casse-couilles, emmerdeur, gougnafier, patraque, plaie ; nase, petite merde.*
- **En restant poli :** *râleur ; nullité.*
- **Avec classe :** *souffle de l'Éole du bas ; zéphyr du néant.*

Mec...

D'origine obscure, ce terme argotique apparaît au début du XIXe siècle sous la forme « mecque » avec le sens de « chef, gars solide » ; mais curieusement, il prend aussi le sens « d'individu quelconque » et de « souteneur » (probablement à cause de sa proximité avec « mac »). Aujourd'hui, il prend un tour péjoratif ou injurieux dans des expressions comme **« c'est qui ce mec ? »**, **« pauvre mec »**.

- **Pour être plus clair :** *branque, gugusse ; larve, minus.*
- **En restant poli :** *individu ; minable.*
- **Avec classe :** *anonyme inconnu ; esquisse d'ébauche.*

Banane...

Le terme vient du bantou de Guinée et a été rapporté par les Portugais au XVIe siècle sous la forme *banana*. Les fruits sont souvent mobilisés pour « nourrir » toutes sortes d'insultes ; la **« banane »** n'échappe pas à ce régime ! Traiter quelqu'un de **« banane »**, c'est souligner sa maladresse. Reste à lui éviter la glissade sur la **« peau de banane »**.

- **Si vous préférez les légumes :** *cornichon, courge, gourde, patate.*
- **En restant poli :** *benêt, idiot.*
- **Avec classe :** *mangeur de régime.*

Arsouille...

3 Août

L'origine de ce mot demeure inconnue ; la seule certitude, c'est qu'à la fin du XVIIIe siècle, il désignait un souteneur de tripot. Aujourd'hui, on peut l'employer pour évoquer un voyou ou une personne portée sur la boisson. Ce qui est sûr, c'est que l'**« arsouille »** a mauvais genre ; c'est sans doute la raison pour laquelle on peut dire indifféremment « **un arsouille** » ou « **une arsouille** ».

- **Arguments de fin de soirée :** *gouape, petite frappe, merdeux ; poche, pochtron.*
- **En restant poli :** *malfrat ; ivrogne.*
- **Avec classe :** *asocial ; votre conduite addictive est problématique...*

Têtard...

Dérivé de « tête », du latin *testa*, boîte crânienne. Même s'il s'agit d'un état transitoire dans un développement, être traité de **« têtard »**, autrement dit de larve de batracien, ne peut être considéré comme un compliment. Comme insulte, le terme suggère une personne sans importance, ou dont le raisonnement est jugé infantile, ou encore affligée d'une disproportion disgracieuse de la tête.

- **En dehors de la mare :** *avorton, charlot, gougnafier, minus, petite bite, rigolo, tête de nœud.*
- **En restant poli :** *minable, moche.*
- **Avec classe :** *habitant de la mare.*

Poire…

4 Août

Du latin *pira*. Dans le panier de l'insulte et de la grossièreté, les fruits et légumes composent un florilège important ; ainsi la **« poire »** connaît une belle notoriété au XIXe siècle, lorsque le caricaturiste H. Philippon croque la tête du roi Louis-Philippe sous la forme d'une poire à l'expression niaiseuse ; si Louis-Philippe n'est plus, sa **« poire »** est restée : ainsi, aujourd'hui s'exclamer à propos d'une personne **« quelle poire ! »**, c'est souligner sa naïveté et/ou sa sottise. Les nostalgiques de la famille d'Orléans apprécieront !

- **Si la saison des poires est passée :** *abruti, cornichon, couillon, cruche, godiche, truffe.*
- **En restant poli :** *dupe, naïf, sot.*
- **Avec classe :** *candide du verger.*

Calotin…

29 Mai

Dérivé de « calotte », de l'ancien français *cale*, coiffure. Les êtres zélés sont souvent l'objet de moquerie : ainsi, un anticlérical pourra évoquer un **« calotin »** en désignant un ecclésiastique portant une calotte (conformément à la liturgie) ou un de ses partisans qui n'en porte pas (et dans ce cas, la pointe d'ironie sera plus forte, notamment dans l'expression **« à bas la calotte »** !).

- **Pour ceux qui n'ont pas la tête près du bonnet :** *bigot, cul-béni, grenouille de bénitier.*
- **En restant poli :** *dévot.*
- **Avec classe :** *homme de tête.*

Branque...

D'origine incertaine, peut-être du piémontais *branci*, âne. Ce terme d'argot peut être employé dans l'exclamation **« quel branque »** (cela soulage !) quand on a affaire à un individu particulièrement sot ou un peu fou ; l'expérience nous rappelle que les deux sont hélas possibles !

- **Si vous ne maîtrisez pas le piémontais :** *abruti, empoté, niaiseux ; débile, taré.*
- **En restant poli :** *imbécile, limité ; dérangé, extravagant.*
- **Avec classe :** *ange déchu ; professeur d'illogique.*

Peste...

Du latin *pestis*, épidémie, fléau. L'humanité a lutté des siècles et des siècles contre la peste, cette maladie infectieuse et contagieuse qui a tué des millions d'humains et d'animaux sous des formes multiples. Dès lors traiter quelqu'un de **« peste »**, c'est le considérer comme un véritable fléau, nuisible et dangereux pour autrui. On notera la forme **« petite peste »** traduisant une exaspération devant le comportement insupportable (souvent prétentieux) d'une jeune fille ou d'une femme. À fuir, comme le choléra !

- **Principes de précaution :** *con(ne), emmerdeur(euse), greluche, plaie, purge, salaud, salope.*
- **En restant poli :** *gale, poison.*
- **Avec classe :** *ami de Yersin (nom du bacille de la peste !).*

Merder...

6 Août

Dérivé de « merde », du latin *merda*, matière fécale. Au XVIe siècle, « merder » ne s'éloigne pas de son « origine », car le verbe signifie « évacuer les gros excréments ». Mais l'éducation est passée par là, et on retrouve **« merder »** dans l'argot scolaire pour exprimer une difficulté ou un échec : ainsi un élève en difficulté peut **« merder »** dans plusieurs « matières »...

- **Matière à variété :** *déconner, louper, prendre une gamelle, un râteau, saloper.*
- **En restant poli :** *échouer, rater, sécher.*
- **Avec classe :** *mettre le pied dedans.*

Ballot…

De l'italien *balla*, balle. Ce terme un peu vieilli désignait autrefois un paquet dans lequel on regroupait des affaires personnelles plus ou moins en vrac ; c'est sans doute ce désordre qui est suggéré lorsqu'on traite de **« ballot »** un individu maladroit et/ou imbécile.

- **Pour reprendre le ballot au bond :** *cruche, empoté ; tarte.*
- **En restant poli :** *empoté ; imbécile.*
- **Avec classe :** *anti-manuel ; valise sans poignée.*

Asticot...

Origine incertaine, peut-être un dérivé du verbe « asticoter », irriter, emprunté au XVIe siècle au juron allemand *Dass dich Gott*, « que Dieu te », et qui par approximation phonétique a donné **« asticot »** ! Ce qui est sûr, c'est que cet **« asticot »** est d'abord une personne physiquement mince puis, par extension, de peu d'importance sociale, mais qui par ses manières essaie de se faire remarquer ; comme son homonyme la larve d'insecte, l'**« asticot »**, au bout de l'hameçon...

- **Si vous n'êtes pas pêcheur :** *branleur, petit merdeux, zozo.*
- **En restant poli :** *zèbre.*
- **Avec classe :** *brasseur de vent.*

Manche...

Du latin *manicus*, main. Utile pour manier certains outils, le **« manche »** peut asséner une insulte dans l'exclamation **« quel manche ! »** qui traduit une exaspération devant la maladresse manuelle ou intellectuelle d'un individu.

- **Si vous n'avez pas de manche sous la main :** *balourd, couillon, empoté, glandu.*
- **En restant poli :** *incapable, maladroit.*
- **Avec classe :** *Don Quichotte de la maladresse.*

Grugeur…

Dérivé du verbe « gruger », du néerlandais *gruizen*, broyer. Longtemps, « gruger » a désigné l'action de croquer, de manger avec un bel appétit ; mais comme l'être humain a souvent les yeux plus gros que son ventre, dès le XVIe siècle, « gruger » est aussi devenu synonyme de « manger » les biens d'autrui en le trompant. Il faut donc se méfier du **« grugeur »**, un voleur habile qui a un gros appétit…

- **Des convives à éviter :** *crapule, enflure, faux-jeton, magouilleur, ordure.*
- **En restant poli :** *tricheur, voleur.*
- **Avec classe :** *la vérité si je mens…*

Fouille-merde…

Construit à partir du verbe latin *fodicare*, tourmenter, et de « merde ». Vos connaissances entomologiques vous signalent évidemment que le scarabée coprophage est un **« fouille-merde »**, tandis que votre expérience de l'espèce humaine vous rappelle aussi qu'un **« fouille-merde »** est une insulte assez directe pour dénoncer la tendance d'une personne à se mêler des affaires des autres pour leur nuire.

- **Si vous n'aimez pas les mots scatologiques :** *fouineur, paparazzi.*
- **En restant poli :** *curieux, inquisiteur.*
- **Avec classe :** *exhumeur de ténèbres.*

Baiser…

Du latin *basiare*, poser ses lèvres sur quelqu'un. Mais poésie et douceur ne sont pas ici au rendez-vous, car si **« baiser »**, c'est aussi posséder quelqu'un sexuellement, la plupart du temps **« se faire baiser »** signifie s'être fait tromper, rouler, prendre en défaut. Loin des joies charnelles, **« baiser la gueule »** à quelqu'un n'est donc pas l'embrasser avec fougue, mais le tromper ou lui faire payer cher une situation.

- **Pour les amateurs de fruits :** *baiser jusqu'au trognon.*
- **En restant poli :** *se faire avoir, posséder, tromper.*
- **Avec classe :** *berner, leurrer ; manœuvrer de manière fallacieuse.*

Attardé...

Construit à partir du verbe « s'attarder », de « a » et du latin *tarde*, lentement. Le temps perdu ne se rattrape pas, dit-on, mais on peut toujours prendre du retard... Se faire traiter d'**« attardé »** n'est pas bon signe, car cela indique un diagnostic méprisant qui suppose un retard dans le développement de l'intelligence. Dans ce cas, mieux vaut ne pas trop tarder à répondre...

- **Si vous n'êtes pas neurologue :** *arriéré, demeuré, neuneu, ringard.*
- **En restant poli :** *pauvre type.*
- **Avec classe :** *victime de Chronos.*

Péquenot...

Origine incertaine, peut-être de « péquin », terme d'argot militaire construit au début du XIXe siècle sur l'espagnol *pequeño*, petit. On retrouve dans le mépris attaché à l'insulte **« quel péquenot »** cette signification péjorative de petitesse pour désigner quelqu'un dont les manières rudes sont censées rappeler celles du paysan. Le monde rural appréciera.

- **Pour ne pas se fâcher avec les paysans :** *âne, mal dégrossi.*
- **En restant poli :** *inculte, grossier.*
- **Avec classe :** *fossoyeur de bonnes manières.*

Merdre…

Construit à partir de « merde », du latin *merda*, excrément, fiente. Dans l'Olympe des jurons, « merde » occupe certainement la place centrale : on doit cette variante **« merdre »** à l'écrivain Alfred Jarry (1873-1907) qui ouvre sa pièce *Ubu roi* (1888) par l'apparition d'un personnage fantoche et dangereux, le père Ubu, prononçant un tonitruant : **« Merdre ! »**. Voilà un « merde » qui ne manque pas d'« r » !

- **Si vous n'êtes pas amateur de théâtre :** *chiot, couilles, putain.*
- **En restant poli :** *flûte, zut.*
- **Avec classe :** *matière, ô matière ennemie !*

Clone...

Du grec *klon*, jeune pousse. Depuis la brebis Dolly créée par clonage, on sait que cette technique n'est plus réservée seulement aux plantes ; certains apprentis sorciers fantasment sur son application à l'espèce humaine. Pour l'instant, traiter quelqu'un de **« clone »** reste encore une saillie (!) pleine de mépris pour souligner un manque d'originalité et une tendance à imiter un modèle.

- **Si la génétique n'est pas votre point fort :** *bâtard, bouffon, marionnette.*
- **En restant poli :** *suiviste.*
- **Avec classe :** *enfant de Pygmalion.*

Bite…

La racine (si l'on peut dire !) est probablement indo-européenne, *bitan*, il est fendu. Les esthètes savent qu'on peut aussi l'écrire « bitte » comme la pièce d'amarrage des bateaux. Ce mot, qui désigne le sexe masculin, devient une injure de premier ordre associé à l'adjectif « petite » : on perçoit l'ironie méprisante de **« petite bite »** introduisant (ouf !) le doute sur des capacités sexuelles et autres.

- **Pour éviter la routine :** *dard, pine, pompe à foutre, zob.*
- **En restant poli :** *pénis, verge.*
- **Avec classe :** *flûte enchantée.*

Caïn…

Personnage biblique, fils aîné d'Adam et Ève, connu pour être le meurtrier originel, il tua son frère Abel ! Si traiter quelqu'un de **« Caïn »** est donc une injure aujourd'hui un peu passée de mode, on en mesure encore toute la force : elle marque une désillusion terrible face au comportement d'un proche. Rien ne vous interdit à l'occasion de lui redonner son lustre ancien !

- **Si vous ne connaissez pas l'Ancien Testament :** *fumier, ordure, salaud.*
- **En restant poli :** *faux frère.*
- **Avec classe :** *frère d'Abel.*

Burette...

Dérivé de « buire » du germanique *buri*, récipient. Au singulier, la **« burette »**, petit flacon à goulot étroit, offre des usages multiples, mais au pluriel, **« les burettes »** deviennent principalement une belle métaphore des testicules ; parties ô combien sensibles, on mesure toute l'exaspération contenue dans l'expression **« casser les burettes »** à quelqu'un.

- **Si vous êtes en panne de métaphores :** *casser les burnes, casser les couilles, faire chier.*
- **En restant poli :** *gêner, importuner.*
- **Avec classe :** *jouer la mouche du coche.*

Pelle...

Du latin *pala*, bêche, pelle. Encore une manifestation du génie humain ! Si cet outil se substitue aux mains et permet de ramasser toutes sortes de matières, on aura vite compris que traiter quelqu'un de **« pelle à merde »** n'est pas une amabilité : d'abord d'être comparé à un objet, aussi utile fût-il, ensuite avec une fonction si peu flatteuse… Ici l'insulte exprime sans creuser du côté de la sensibilité, un profond mépris pour une personne prête à tout, sans amour-propre. Il faut donc éviter de prendre une telle « pelle ».

- **Si vous n'êtes pas bricoleur :** *Jean-foutre, merdeux, nase, ordure, pourceau, saligaud.*
- **En restant poli :** *minable, misérable.*
- **Avec classe :** *manipulateur fécal.*

Minet...

Dérivé du gallo-roman *mine*, chat. Le **« minet »**, petit chat, requiert en général tous les suffrages et attendrissements ; en revanche, traiter quelqu'un de **« minet »**, ce n'est pas évoquer son avenir de félin, mais se moquer de sa tenue vestimentaire ostentatoire, censée représenter la mode ; c'est aussi faire une allusion à peine « voilée » à son manque de virilité. Pour prouver le contraire, le **« minet »** devra alors sortir les griffes !

- **Si vous ne pouvez assister à un défilé de mode :** *gonzesse, fillette, grande folle, lopette, tata.*
- **En restant poli :** *efféminé.*
- **Avec classe :** *éphèbe de la mode.*

Macaque...

Du portugais *macaco*. Les Portugais du XVIe siècle, grands voyageurs, ont rapporté ce terme emprunté à une langue bantoue et l'animal lui correspondant, un singe à museau saillant et à poches pendantes sous la mâchoire, dont l'esthétique est très éloignée des canons de la beauté humaine... **« Espèce de macaque ! »** ou mieux **« espèce de vieux macaque ! »** est donc une insulte remettant en cause l'harmonie d'un visage. De quoi faire « la grimace »...

- **S'il n'y a pas de zoo dans les parages :** *cageot, face de bite, tarte, tête de nœud.*
- **En restant poli :** *horreur, laideron.*
- **Avec classe :** *esquisse de l'évolution.*

Gueulante...

Construit à partir de « gueuler », dérivé de « gueule », du latin *gula*, gosier, bouche. Ce terme argotique est bien sonore : en effet, une **« gueulante »** est une forte clameur ou un emportement verbal provoqué par une colère ; cela explique que l'on **« pousse une gueulante »**. Les puristes préféreront sans doute « le coup de gueule » ou « l'engueulade » plus explicites, car ils savent que **« pousser la gueulante »** équivaut aussi à « pousser la chansonnette ».

- **Pour éviter de se casser la voix :** *remontée de bretelles, savon, souffler dans les bronches.*
- **En restant poli :** *admonestation, remontrance, réprimande.*
- **Avec classe :** *mettre des mots sur des maux.*

Peigne-cul...

Composé de « peigne », dérivé de « peigner », du latin *pectinare*, et de « cul », du latin *culus*. La fréquentation assidue des salons de coiffure n'est pas utile pour connaître un **« peigne-cul »** ; en effet, le **« peigne-cul »** n'est pas un objet, mais une personne particulièrement grossière et/ou ennuyeuse. La puissance métaphorique associant le « peigne » et le « cul » dispense de toute explication. Les âmes sensibles préféreront la variante « raseur ».

- **Si vous êtes chauve :** *branleur, briseur de couilles, connard, emmerdeur, empaffé, gros con, gougnafier.*
- **En restant poli :** *malotru, rustre.*
- **Avec classe :** *Figaro de fond.*

Minou…

Variante de « minet », dérivé du gallo-roman *mine*, chat. Ne pas se fier aux apparences ! Ce **« minou »**, appellation enfantine pour désigner un petit chat, est aussi le nom donné au clitoris et se retrouve dans des expressions sans équivoque comme **« se faire brouter le minou »**, **« se faire tarauder le minou »**.

- **Version San Antonio :** *chattoune.*
- **En restant poli :** *sexe.*
- **Avec classe :** *le chat de la voisine.*

Gringalet...

Probablement dérivé du suisse allemand *granggeli*, homme sans apparence, peu considérable. Il importe peu à celui qui se fait traiter de **« gringalet »**, c'est-à-dire de « moins que rien » (ce n'est pas beaucoup !) de savoir que ce terme est arrivé autrefois en France avec des mercenaires suisses (oui, ils ont existé !). Il pourra toutefois se consoler en se rappelant que **« gringalet »** signifiait en ancien français, « sorte de cheval », et que c'était même le nom du cheval de Gauvain, chevalier de la Table ronde. De quoi ronger son frein !

- **Si l'on se méfie des mercenaires suisses :** *avorton, demi-portion, minus, jeune trou-du-cul, mauviette.*
- **En restant poli :** *chétif, malingre.*
- **Avec classe :** *cheval de réforme.*

Fouineur...

Construit à partir du verbe « fouiner », dérivé de « fouine », du latin *fagina*, martre des hêtres. La « fouine » a mauvaise réputation car ce petit carnassier sanguinaire est connu pour ses carnages méthodiques dans les poulaillers ; dès lors, traiter quelqu'un de **« fouineur »** c'est lui signifier que l'on n'apprécie pas son comportement indiscret et malveillant. Si la remarque fait mouche, vous pourrez observer sa tête de fouine !

- **Si vous êtes loin d'un poulailler :** *bâton merdeux, fouille-merde, salopard.*
- **En restant poli :** *curieux, fureteur.*
- **Avec classe :** *De quoi me mêle-je ?*

Teigne...

17
Août

Du latin *tinea*. Qu'il s'agisse de la **« teigne »**, petit insecte lépidoptère, détruisant les cultures, les aliments et les textiles, ou de la **« teigne »**, dermatose contagieuse du cuir chevelu pouvant provoquer la chute des cheveux, la **« teigne »** est un fléau. Employé pour une personne dans des expressions comme **« sale petite teigne, vraie teigne »**, le terme soulignera la méchanceté et la hargne. On vous l'avait dit, un fléau !

- **Pour rester chez les méchants contagieux :** *gale, peste.*
- **En restant poli :** *acrimonieux, médisant.*
- **Avec classe :** *syndrome fielleux*

Poivrot...

16 Mai

Dérivé de « poivre », du latin *piper*. Le « poivre », épice piquante et aromatique, est associé aux sensations fortes, si bien que l'argot parisien du XIXe siècle a donné à « poivre » le sens d'eau-de-vie. Les lecteurs de Zola se rappelleront que le couvreur Coupeau se saoule à l'Assommoir et au « Petit bonhomme qui tousse, une mine à poivre » ! Cette petite incursion littéraire signale que le **« poivrot »** est donc consommateur d'un « poivre » particulier qui assaisonne surtout sa santé et sa lucidité ; dès lors, traiter quelqu'un de **« poivrot »** relève, soit du constat affligé, soit de la condamnation d'une addiction.

- **Au club :** *boit-sans-soif, picoleur, pochard, pochetron.*
- **En restant poli :** *ivrogne.*
- **Avec classe :** *serviteur de Bacchus.*

Fondu...

18 Août

Dérivé du verbe latin *fundere*, verser, faire couler. L'étymologie rappelle que **« fondu »** qualifie quelque chose de passé à l'état liquide : dès lors la métaphore injurieuse **« c'est un fondu, ce type ! »** indique que la personne visée, et plus précisément son comportement, son raisonnement, manquent de consistance. Si vous préférez un état plus solide, l'emploi de « il est givré, ce type » conviendra mieux, mais attention, cela pourra jeter un froid !

- **Quel que soit l'état :** *abruti, allumé, déjanté, demeuré, cinoque, timbré.*
- **En restant poli :** *aliéné, débile mental.*
- **Avec classe :** *coulis, coulis, coulis coula... (sur un air bien connu !).*

Couillonner...

15 Mai

Dérivé de « couillon », construit à partir du latin *coleus*, couille. Les parties sexuelles sont « au cœur » de nombreux enjeux et désirs ; c'est pourquoi, tout naturellement, elles font l'objet d'une surveillance attentive : si celle-ci est « prise en défaut », tout est à craindre. C'est pourquoi se faire **« couillonner »** équivaut à se « faire baiser, enculer », c'est-à-dire à être trompé dans une affaire ou une relation.

- **Pour les amateurs de pâtisserie :** *l'avoir dans le baba ; être roulé dans la farine.*
- **En restant poli :** *duper, tromper.*
- **Avec classe :** *être éprouvé en parties !*

Taupe...

Du latin *talpa*. La **« taupe »** est ce petit mammifère tantôt considéré comme utile lorsqu'il mange insectes et larves, tantôt considéré comme nuisible lorsqu'il défonce les belles pelouses. Mais chez les humains, être traité de **« vieille taupe »** est sans ambiguïté, il s'agit d'une vieille femme désagréable toujours prête à médire. Pour les amateurs d'argot, au XIXe siècle, la **« taupe »** désignait aussi une prostituée. Pas mieux !

- **Pour ceux qui ne sont pas myopes comme des taupes :** *harpie, raclure, saloperie.*
- **En restant poli :** *mégère, virago.*
- **Avec classe :** *amour aveugle.*

Polichinelle...

Dérivé du latin *pullicenus*, jeune poulet, puis homme maladroit. Personnage bouffon de la commedia dell'arte, au physique difforme et à la voix aiguë, il fait rire au théâtre mais beaucoup moins dans la vie quotidienne. Dire à quelqu'un **« espèce de polichinelle ! »**, c'est lui signifier qu'on le trouve ridicule et imprévisible dans ses agissements. Le risque en lui assénant une telle vérité, c'est qu'il fasse une « scène » !

- **Si vous aimez le théâtre :** *guignol, pantin, marionnette.*
- **En restant poli :** *inconstant, instable, versatile.*
- **Avec classe :** *girouette cacahuète.*

Foldingue...

Construit avec « fol », variante de « fou », du latin *follis*, ballon plein d'air, et « dingue », peut-être issu de l'argot la « dingue » désignant le paludisme, maladie connue pour ses fortes fièvres... Pour les amateurs du deux-en-un, l'insulte **« fol-dingue »** est particulièrement recommandée ; elle exprime avec force un constat de folie, « dingue » ajoutant une pointe d'exotisme...

- **Autres possibilités de diagnostic :** *cinglé, débile, piqué, siphonné, taré, zinzin.*
- **En restant poli :** *dément, fou.*
- **Avec classe :** *attention, cerveau en cours !*

Diable…

Du grec *diabolos*, celui qui désunit. Déconseillé par la tradition chrétienne, cette figure du mal était employée comme un juron d'exclamation et d'étonnement : **« diable ! »**. Aujourd'hui passé de mode, on peut encore le trouver dans l'expression menaçante **« allez au diable ! »** qui marque l'exaspération et suggère d'aller voir ailleurs, peut-être en enfer…

- **Si vous avez l'exaspération laïque :** *et merde ! allez vous faire voir ! allez vous faire foutre !!*
- **En restant poli :** *Oh ! Fichez le camp.*
- **Avec classe :** *diantre ! Vade retro satanas !*

Crado...

Dérivé de « crasseux », du latin *crassus*, épais, gras. L'hygiène a fait des progrès que certains n'arrivent pas toujours à suivre : ainsi dire de quelqu'un qu'il est **« crado »**, c'est constater sa saleté, sa négligence corporelle ; par extension, **« crado »** peut aussi s'appliquer à la dénonciation d'un comportement moral jugé ma sain.

- **Ils commencent tous par « cra » :** *cracra, cradingue, craspec.*
- **En restant poli :** *crasseux, malpropre.*
- **Avec classe :** *propre à rien.*

Pedzouille...

L'origine est incertaine et discutée, peut-être de « pet de... » suivi du suffixe « ouille ». En revanche, la signification est très claire : un **« pedzouille »** est un individu fruste et peu dégourdi. Pour affirmer leur prétendue supériorité sur le monde rural (dont ils étaient issus !), certains citadins du XIXe siècle surnommaient les paysans des **« pedzouilles »**. Aujourd'hui, le **« pedzouille »** désigne une personne qui se débrouille mal en ville.

- **Plus connus :** *bouseux, cul-terreux péquenaud, plouc.*
- **En restant poli :** *rural, pas dégourdi.*
- **Avec classe :** *alpiniste de capitale.*

Minus…

De la locution latine *minus habens*, ayant moins. Dans un monde de comparaison et de compétition où l'on fait l'éloge de la formule « qui peut le plus, peut le moins », on comprend que traiter un individu de **« minus »**, c'est lui exprimer, en le rabaissant, son plus profond mépris pour son incapacité ou son manque d'intelligence.

- **Petites variantes :** *bon à rien, crétin, débile.*
- **En restant poli :** *incapable.*
- **Avec classe :** *minus habens.*

Demi-portion…

Construit avec « demi » du latin *dimidius*, moitié d'un tout, et « portion » du latin *portio*, part. Le premier terme divise donc le second par deux ; dès lors, on comprend que traiter une personne de **« demi-portion »** a un effet réducteur désagréable lui indiquant que l'on trouve insignifiant son physique ou son importance.

- **Pour éviter la demi-mesure :** *petite bite, gringalet, minus, nabot.*
- **En restant poli :** *gringalet, insignifiant.*
- **Avec classe :** *résident de Lilliput.*

Crétin…

Du latin *christianus*, chrétien. À l'origine, un **« crétin »** est un mot employé en Suisse romande pour désigner une personne atteinte de débilité mentale et de dégénérescence physique en raison d'une insuffisance thyroïdienne. Le terme s'est vite délocalisé dans des expressions comme **« espèce de crétin »** pour signaler un comportement incohérent, et **« sombre crétin »** où perce en plus un sentiment de colère.

- **Avec une pointe d'accent provençal, le crétin devient un « fada ».**
- **En restant poli :** *demeuré, idiot.*
- **Avec classe :** *représentant en nano-raisonnement.*

Pédé…

Dérivé du grec *paiderastes*, pédéraste. Les linguistes auront noté qu'il s'agit là de l'apocope de « pédéraste » (la dernière syllabe est supprimée) ; **« pédé »** est une injure à caractère sexuel largement répandue, censée affaiblir celui à qui elle s'adresse. Quant aux poètes, ils noteront la métaphore marine **« pédé comme un phoque »** qui repose sur la confusion avec le « foc » voile qui se gonfle par l'arrière.

- **À la lettre T :** *tafiole, tantouze, tapette, tarlouze.*
- **En restant poli :** *homosexuel.*
- **Avec classe :** *quel homme !*

Mollusque...

Du latin *mollusca (nux)*, noix à écorce tendre. Pour secouer une personne que l'on trouve molle, sans volonté, l'emploi de **« mollusque »** comme insulte révèle la connaissance scientifique de l'émetteur qui, par cet emploi, signale qu'il sait qu'un **« mollusque »** est un animal invertébré au corps mou. Pour vérifier si cette connaissance est sérieuse, l'insulté pourra lui demander à quelle classe il fait allusion : amphineures, céphalopodes, gastéropodes, lamellibranches ? Sans réponse immédiate, retour de l'insulte à l'envoyeur !

- **Pour ceux qui préfèrent le dur :** *empoté, feignasse, glandu, grosse truie, lambin, sans couilles.*
- **En restant poli :** *apathique, mollasson.*
- **Avec classe :** *homme sans moelle.*

Caguer...

Dérivé du provençal « cagar », du verbe latin *cacare*, chier. L'emploi de **« caguer »** permet de mettre une pointe d'accent méridional à la grossièreté ou l'injure et d'offrir ainsi une variante à « chier ». Mais les usages sont les mêmes : **« faire caguer »** (faire chier), **« se caguer dessus »** (avoir peur), **« aller caguer »** (envoyer chier).

- **En langue d'oïl :** *chier, débourrer sa pipe (argotique), emmerder, merder.*
- **En restant poli :** *embêter, ennuyer.*
- **Avec classe :** *exprimer le fond de sa pensée.*

Burnes...

25 Août

Si on ignore l'origine de ce terme, peut-être du patois de Valenciennes, en revanche on sait parfaitement les situer dans l'anatomie masculine, puisqu'il s'agit des testicules ! Synonyme de « couilles », son emploi est cependant plus limité et s'emploie pour exprimer une lassitude **« j'en ai plein les burnes »**, **« lâche-moi les burnes »**, ou la présence d'un importun, d'un raseur, **« quel casse-burnes ! »**.

- **Variantes poétiques :** *burettes, boules, olives, joyeuses, roubignoles, roustons, valseuses.*
- **En restant poli :** *gonades, testicules.*
- **Avec classe :** *avenir de l'humanité.*

Maboul…

8
Mai

Issu de l'arabe *mahbûl*, fou. C'est l'armée d'Afrique qui a rapporté l'insulte **« maboul »** dans ses bagages au XIXe siècle, preuve que la folie des hommes ignore la géographie et les frontières. Dire à un individu qu'il est **« maboul »**, c'est lui faire comprendre (ou essayer !) que son comportement relève de la camisole et de l'asile.

- **Si vous ne maîtrisez pas la langue arabe :** *allumé, déjanté, dingue, givré, siphonné, toqué.*
- **En restant poli :** *dément, fou.*
- **Avec classe :** *capharnaüm cérébral.*

Loufoque...

Il s'agit dans l'argot des bouchers d'une transformation de « fou », du latin *follis*, sac plein d'air. Sans être un spécialiste de l'étal du boucher, la prononciation du mot **« loufoque »** produit l'association curieuse de deux animaux : « le loup et le phoque ». Ainsi d'emblée, on pressent que cela n'est pas sérieux ! Maintenant, si quelqu'un s'avise de vous traiter de **« loufoque »**, c'est-à-dire d'avoir un comportement extravagant, vous n'êtes pas obligé de trouver cela très plaisant...

- **Si vous êtes végétarien :** *dingue, fondu, jeté, maboul, marteau, sonné, toqué.*
- **En restant poli :** *dément, désaxé.*
- **Avec classe :** *cerveau en RTT.*

Gueule...

Du latin *gula*, gosier, bouche. Bouche de certains animaux, la **« gueule »** se transforme en gros mot agressif lorsqu'on invite une personne avec laquelle on n'est pas d'accord à **« fermer sa gueule »**. Pour s'éviter de longs discours, on peut aussi recourir au plus direct **« ta gueule »**, qui a le même sens.

- **Pour obtenir le silence :** *fermer son clapet, la boucler, la mettre en veilleuse, ne pas la ramener.*
- **En restant poli :** *demander le silence, se taire.*
- **Avec classe :** *faire un silence de pierre tombale.*

Conneau…

Dérivé de « con », du latin *cunnus*, le sexe féminin. Bien sûr, l'efficacité de **« conneau »** se vérifie surtout dans une insulte orale pour afficher son exaspération devant un comportement imbécile, mais les linguistes noteront que cette orthographe n'apparaît qu'au XIXe siècle ; auparavant, seules les formes suivantes sont attestées « connaut, connaud, connot ». Cela méritait d'être précisé !

- **Dans la famille :** *con-con, connard, connasse, conne.*
- **En restant poli :** *idiot, imbécile.*
- **Avec classe :** *espèce de case départ.*

Déjanté…

Construit avec « de » et « jante » du gaulois *cambo*, courbe. La roue est sans doute l'une des manifestations les plus visibles et les plus utiles du génie humain ; sachant que le cercle sur lequel le pneu est installé s'appelle la « jante », on mesure le problème si celui-ci quitte celle-là, bref « déjante », tout comme un individu **« déjanté »** dont la raison quitte le cerveau touché par la folie.

- **Pour ceux qui préfèrent le train :** *dérailler.*
- **En restant poli :** *dérangé.*
- **Avec classe :** *cerveau dans le décor.*

Croupion…

Dérivé de « croupe », du francique *kruppa*. Certains pourront penser qu'avec l'emploi du mot **« croupion »**, la grossièreté ne vole pas haut, et pourtant ! On sait que celui-ci désigne d'abord l'extrémité postérieure du corps des oiseaux ! Il offre donc une variante animale et l'on pourra dire **« se casser le croupion »** à la place de « se casser le cul », surtout si l'émetteur est un « drôle d'oiseau » !

- **Postérieurs de secours :** *arrière-train, croupe, cul, derche, pot, popotin.*
- **En restant poli :** *fesses, séant.*
- **Avec classe :** *assise de l'humanité.*

Greluche…

Dérivé de « greluchon », nom d'un saint fantaisiste du Berry censé guérir de la stérilité. La **« greluche »** est un de ces nombreux termes misogynes pour désigner une jeune femme ; ainsi **« quelle greluche ! »** est une exclamation à emplois multiples : « cette femme est mal habillée, moche, trop petite, trop grande, maigre, énorme, bête, coincée, trop facile, etc. ». Mais peut-être pas tout à la fois !

- **Au choix :** *boudin, connasse, gros tas, gourde, pouffiasse, pute, morue, salope, thon.*
- **En restant poli :** *ce n'est pas ma femme.*
- **Avec classe :** *Nana (héroïne de Zola).*

Foutaise…

Dérivé de « foutre », du latin *futuere*, avoir des rapports sexuels avec une femme. Ici, il convient de se rapprocher d'une expression comme « aller se faire foutre », manière de congédier quelqu'un, de l'envoyer promener ; ainsi dire à une personne que son argumentation **« c'est de la foutaise ! »**, c'est lui signifier que cela ne vaut rien et qu'elle peut donc « aller se faire voir ailleurs », car avec vous, cela ne « prend pas »…

- **Pour une invitation au voyage :** *branlette, connerie, fadaise, pipeau.*
- **En restant poli :** *baliverne, platitude.*
- **Avec classe :** *billevesée.*

Cageot...

4 Mai

Du latin *cavea*, cage. Avant d'être cet emballage léger à claire-voie qui sert à transporter des denrées alimentaires, le **« cageot »** était une petite cuve où l'on mettait les foies de morue pour en extraire l'huile. C'est probablement cette connotation graisseuse qui s'anime dans l'insulte **« regarde ce cageot ! »** désignant une femme sans élégance ou mal faite.

- **Pour rester au grand large :** *baleine, morue, thon.*
- **En restant poli :** *femme peu en beauté.*
- **Avec classe :** *sirène échouée.*

Buse...

Du latin *buteo*. Pourquoi ce terme qui désigne d'abord un oiseau rapace nocturne est-il devenu une insulte ? La réponse se trouve sans doute dans l'attitude figée que prend l'animal pour guetter sa proie et qui pourrait être prise pour une absence de vie intérieure… Ce qui est sûr, c'est que traiter quelqu'un de **« buse »**, c'est signaler sans ménagement son caractère idiot. Si le comportement abruti dépasse tous les pronostics, on peut utiliser le multiplicateur **« triple buse »**.

- **Pour revenir sur terre :** *demeuré, plouc, grosse tache.*
- **En restant poli :** *idiot, ignare, inculte, sot.*
- **Avec classe :** *béotien, anémique du raisonnement.*

Larve…

Du latin *larva*, fantôme. Cette forme embryonnaire animale peut donner, comme pour la chenille, l'éclosion d'un superbe papillon ; mais employée comme insulte, **« espèce de larve »**, **« pauvre larve »**, elle exprime un mépris radical devant l'absence d'énergie, la faiblesse de raisonnement ou la situation matérielle d'un individu.

- **Pour les amateurs de sciences naturelles :**
  avorton, trou du cul.
- **En restant poli :** *minable, misérable.*
- **Avec classe :** *habitant du cocon.*

Invertébré...

31 Août

Dérivé du latin *vertebra*, articulation. Ce terme désigne les animaux qui n'ont pas de colonne vertébrale; dès lors qu'on l'emploie pour insulter une personne, **« espèce d'invertébré »**, on lui exprime son mépris devant son manque de réflexion ou son comportement jugé défaillant.

- **Pour les spécialistes :** *escargot, gastéropode, limace, mollusque.*
- **En restant poli :** *minable, pauvre type.*
- **Avec classe :** *céphalopode du désespoir.*

Guignol…

Nom d'une marionnette inventée par un artiste lyonnais, Laurent Mourguet. **« Guignol »** avait un comportement imprévisible, fantasque qui faisait rire les enfants. Aujourd'hui, une **« espèce de guignol »** s'applique à un individu peu fiable qui peut faire n'importe quoi et provoquer un rire… jaune.

- **Du côté du spectacle :** *cabotin, charlot, gugusse, histrion.*
- **En restant poli :** *bouffon, pantin.*
- **Avec classe :** *marionnette de Mourguet.*

Baderne...

1 Septembre

De l'italien *baderna*, tresse de vieilles cordes. Autrefois, les marins donnaient le nom de **« baderne »** à tout ce qui était hors d'état de servir, chose ou personne. Il s'agit dans l'univers de l'insulte d'exprimer sa condescendance vis-à-vis d'une personne qui semble dépassée par les événements : si l'on trouve **« baderne »** un peu désuet, l'ajout de l'adjectif « vieille » donne une vigueur supplémentaire à la sentence. Essayez : **« vieille baderne »** !

- **Parmi les vieilleries :** *gaga, gâteux, ramolli, vieille peau.*
- **En restant poli :** *homme usé.*
- **Avec classe :** *hors service.*

Avorton…

Cette amabilité est construite à partir du verbe latin *abortare*, avorter. À l'origine, le terme désigne un enfant d'apparence chétive mais peut être employé pour exprimer son mépris à une personne. Attention toutefois à son emploi, car si vous traitez d'**« avorton »** un automobiliste assis derrière son volant, et que vous découvrez sa carrure de deuxième ligne de rugby lorsqu'il sortira de sa voiture pour vous demander des explications, il sera peut-être trop tard…

- **Ce n'est qu'un début :** *embryon, résidu de fausse couche, têtard.*
- **En restant poli :** *demi-portion, gringalet, minable.*
- **Avec classe :** *hercule de solderie…*

Tas...

Probablement du francique *tas*, amas. L'idée de quantité contenue dans **« tas »** permet toutes sortes de variations : sans explication particulière, on saisira toute la gentillesse d'une formule comme **« tu as vu ce gros tas »** destinée à souligner la silhouette surchargée d'une femme. On n'oubliera pas non plus la connotation englobante et commode de **« tas »** dans une expression comme **« tas de salauds »**, ou **« tas de merde »**. Attention de ne pas se faire **« foncer dans le tas »** !

- **Pour ceux qui comptent à l'unité :** *boudin, thon ; salopard, ordure, vérole.*
- **En restant poli :** *femme bien en chair, gironde ; malfaisant, méchant.*
- **Avec classe :** *Vénus en forme ; homme à géométrie variable.*

Résidu...

Du latin *residuum*, qui est de reste. À part dans la méthode inductive, dite méthode des résidus, démarche de logique mise au point par John Stuart Mill, le **« résidu »** est d'abord un reste considéré comme sans valeur. Ainsi, dans l'univers de l'injure, traiter un individu de **« résidu »** désigne son insignifiance, sa petitesse physique ou morale, son esprit ou son aspect vieillissant. Si l'on veut augmenter l'intensité de ce terme injurieux, on notera la variante **« résidu de fausse couche »**.

- **Pour ne pas être en reste :** *avorton, ordure, vieux débris.*
- **En restant poli :** *minable, petit joueur.*
- **Avec classe :** *solde de l'humanité.*

Pouffe…

Forme abrégée de « pouffiasse » dont l'origine est incertaine, peut-être de « pouffer », éclater de rire. Bien que raccourcie, la forme **« pouffe »** conserve toute la force de « pouffiasse » pour souligner le manque d'élégance vestimentaire et/ou morale d'une femme.

Il est peu probable que la personne visée pouffe de rire sauf à être vraiment, vraiment **« pouffe »**. Mais dans ce cas…

- **Si on n'aime pas les raccourcis :** *cruche, godiche, marie-salope, pétasse, souillon.*
- **En restant poli :** *mauvais genre.*
- **Avec classe :** *Ève de solderie.*

Dégueulasserie...

À partir de « dégueulasse », dérivé du verbe « dégueuler », construit avec « de » et le verbe « gueuler », du latin *gula*, gosier, gueule. Tout cela ne sent pas très bon ! Juste avant de se pincer le nez, on retiendra qu'une **« dégueulasserie »** caractérise ce qui est « dégueulasse », autrement dit sale, répugnant aussi bien moralement que physiquement. Beurk !

- **Dans la benne :** *cochonnerie, dégueulis, gerbe, pourriture, saloperie.*
- **En restant poli :** *écart, inconvenance, mocheté, pas joli-joli.*
- **Avec classe :** *joyau de la déchetterie.*

Cruche...

4 Septembre

Du francique *kruka*. Pourquoi ce vase avec une anse et un bec verseur, si commode pour verser des liquides, sert aussi à désigner une personne niaise et/ou manquant de finesse ? Peut-être que sa large panse, signe d'un vide à remplir, a contribué à cet usage...

- **Une petite sœur :** *gourde.*
- **En restant poli :** *bête, imbécile.*
- **Avec classe :** *mauvais tour du potier.*

Pédale…

28 Avril

Altération à partir d'un jeu de mots sur pédéraste, du grec *paiderastes*. La **« pédale »** ici n'a rien à voir avec celle qui fait tourner le pédalier d'un vélo et pourtant son usage injurieux pour désigner un homosexuel passif vient probablement d'une allusion à la position du cycliste sur sa selle… L'injure étant un mode partageux, être traité de **« pédale »** peut simplement exprimer un fort mépris, révélateur de l'état d'esprit de son émetteur.

- **En faisant preuve de psychologie :** *inverti.*
- **En restant poli :** *homosexuel.*
- **Avec classe :** *champion de la selle.*

Morbleu…

Euphémisme de « mort de Dieu ». Voilà un juron désuet dont l'usage permettait autrefois d'exprimer une colère remplie d'impatience et d'indignation tout en restant respectueux de la religion. L'employer aujourd'hui est un moyen de signaler un certain niveau de culture.

- **Comme Cyrano de Bergerac :** *Mordious.*
- **En restant poli :** *saperlipopette.*
- **Avec classe :** *par Belzébuth !*

Foireux...

Du latin *foria*, excrément à l'état liquide. L'absence de courage d'une personne devant une situation difficile, un danger peut déclencher un méprisant **« espèce de foireux »**, marquant le manque de consistance de ladite personne. Les poètes auront noté qu'il s'agit là de la variante liquide de « espèce de merdeux ».

- **Pour les experts en la matière :** *chier dans son froc.*
- **En restant poli :** *peureux, poltron.*
- **Avec classe :** *pourvoyeur de mouches bleues.*

Combinard...

6 Septembre

Dérivé de « combine », abréviation de « combinaison », du verbe latin *combinare*, combiner. Aristote nous a prévenus, l'homme n'est ni tout à fait bon, ni tout à fait méchant ; c'est pareil pour le **« combinard »** qui peut caractériser un individu astucieux sachant s'adapter mais aussi (hélas !) un malhonnête suffisamment malin pour rouler son monde. Il y a sûrement une « combine » pour les distinguer.

- **Combine pour ne pas être à sec :** *charlatan, enflure, margoulin, voyou, truand.*
- **En restant poli :** *prince de l'entourloupe.*
- **Avec classe :** *roi des bons plans.*

Bâton merdeux…

Bâton, du latin *bastun*, et merdeux, dérivé de « merde », du latin *merda*, excrément, forment une association bien sentie ! En effet, le **« bâton merdeux »** désigne une personne à laquelle il ne faut pas faire confiance et donc sur laquelle il ne faut pas compter, ni surtout s'appuyer. Vous aurez compris pourquoi ! On lui préférera sans conteste le bâton de maréchal !

- **Si vous ne voulez pas donner du bâton :** *branche pourrie, branleur, fouille-merde, mange-merde.*
- **En restant poli :** *inconséquent, imprévisible.*
- **Avec classe :** *sceptre de la matière fécale.*

Dieu...

Du latin *Deus*. Créateur, être éternel, **« Dieu »** est un terme omniprésent qui se trouve aussi dans la famille des jurons avec un caractère blasphématoire pour les croyants. Il permet d'exprimer la surprise et les divers degrés de l'exaspération

- **Chapelet de jurons :** *nom de Dieu ; bon Dieu ; bon Dieu de bon Dieu ; vingt Dieux ; bordel de Dieu.*
- **En restant poli :** *Oh ! zut, zut et rezut ! mince !*
- **Avec classe :** *ciel ! palsambleu ! sacrebleu !*

Requin…

25 Avril

Origine incertaine, peut-être du normand *quin*, chien (de mer), puis *rechien*, *requien* au XVIe siècle. Les comportements humains sont souvent rapprochés de ceux des animaux : la dangerosité du **« requin »**, poisson prédateur, ne pouvait manquer d'être employée pour stigmatiser la cupidité, l'arrogance et la violence de certains hommes d'affaires. Mais aujourd'hui dans un monde impitoyable et cynique, on peut se demander si être traité de **« requin »** est une insulte ou un compliment ?

- **Sur terre et dans les airs :** *canaille, crapule, enflure, ordure, salaud, rapace, vautour.*
- **En restant poli :** *arriviste, cupide, égoïste, opportuniste.*
- **Avec classe :** *prédateur en col blanc.*

Pouffiasse…

L'origine demeure inconnue, peut-être de *pouffer*, éclater de rire. Ce qui est connu, c'est que la présence du suffixe « asse » annonce souvent un terme péjoratif ; **« pouffiasse »** ne déroge pas, car il désigne une femme dont le comportement, l'allure sont considérés comme vulgaires.

- **Les jours de méchanceté :** *grosse pouffiasse.*
- **En restant poli :** *femme sans grâce.*
- **Avec classe :** *reine sans trône.*

Dégonflé...

24 Avril

Dérivé du verbe latin *conflare*, gonfler. Le **« dégonflé »** manque bien sûr de souffle et plus précisément de courage. Traiter quelqu'un de **« dégonflé »** est donc une insulte provocatrice qui, elle, ne manque pas d'air !

- **Pour souffler dans les bronches :** *couilles molles, trouillard, mou du genou.*
- **En restant poli :** *couard, poltron.*
- **Avec la classe :** *baudruche du courage.*

Crotte...

Sans doute du francique *krotta*. Employé pour désigner les excréments des chèvres et des lapins, il s'agit d'un minuscule gros mot moins rude que « merde ». On mesure facilement le mépris contenu dans l'insulte **« espèce de petite crotte »** qui, à tout prendre, est peut-être préférable à « grosse merde » ! Comme juron, **« crotte »** équivalent de « zut », peut même faire précieux.

- **Les jours de colère :** *étron puant, miasmes putrides, nullard, saligaud.*
- **En restant poli :** *flûte, pauvre type.*
- **Avec classe :** *eh bien, mon côlon ! sapristi...*

Tarte…

Origine incertaine, sans doute une variante de « tourte », du latin *torta*. Cette tarte n'est pas une sucrerie : s'exclamer à propos d'une personne **« quelle tarte ! »**, c'est sanctionner sans ménagement sa laideur, sa sottise ou son ridicule, ou les trois à la fois ! Attention cependant à ce que, dans un éclair de lucidité, la personne visée ne vous retourne une **« tarte »**, autrement dit, une gifle !

- **Si vous êtes au régime :** *cloche, cruche, empoté, gourde, gugusse, moche, taré, tocard.*
- **En restant poli :** *emprunté, disgracieux, physique ingrat.*
- **Avec classe :** *Quasimodo, finaliste de télé-réalité.*

Sauterelle...

Dérivé du verbe « sauter », latin *saltare*, danser. Les grandes pattes postérieures de cet insecte sauteur ont évidemment nourri l'imagination et la sauterelle a désigné dès le XIVe siècle une danseuse. Aujourd'hui, sur le passage d'une femme, dire **« quelle sauterelle ! »**, c'est surtout évoquer ironiquement ses grandes jambes et souvent sa maigreur. L'expression **« c'est une vieille sauterelle »** s'emploie pour souligner le caractère acariâtre d'une vieille fille.

- **Si vous n'êtes pas spécialiste des insectes orthoptères :** *grande bringue, grande gigue ; vieille peau.*
- **En restant poli :** *girafe ; vieille demoiselle.*
- **Avec classe :** *femme Massaï ; femme oubliée.*

Ribaude...

Dérivé de l'allemand *riban*, se frotter, s'accoupler. Au début, tout cela est sérieux, car le « ribaud » est un soldat de la garde rapprochée de Philippe Auguste, puis avec les siècles un aventurier et un débauché. Au Moyen Âge et au féminin, la **« ribaude »** est d'abord une femme qui suit l'armée en vue du pillage, puis une prostituée. Dès lors, être qualifiée de **« ribaude »** équivaut à être traitée de « putain » ou de « femme de mauvaise vie ». On notera que le terme est aujourd'hui désuet, mais permet de voyager dans le temps...

- **Plus près de nous :** *garce, morue, pute, salope.*
- **En restant poli :** *débauchée, prostituée.*
- **Avec classe :** *féminin excessif.*

Baba…

11 Septembre

D'origine très incertaine, le **« baba »** apparaît au début du XXe dans l'argot pour désigner le sexe féminin. C'est sans doute cet emploi qui a donné l'expression fleurie **« l'avoir dans le baba »**, autrement dit avoir été trompé et être le perdant dans une affaire. On peut alors se consoler avec un autre **« baba »**, gâteau polonais arrivé en France au XVIIIe siècle, dont la pâte est délicieusement imbibée d'un sirop alcoolisé, le **« baba au rhum »** ! Mmm…

- **Si la pâtisserie est fermée :** *l'avoir dans le cul, l'avoir dans l'os.*
- **En restant poli :** *être refait.*
- **Avec classe :** *avoir ignoré le b.a.-ba*

Azimuté...

Dérivé d'« azimut », de l'espagnol *acimut*, emprunté à l'arabe *samt*, le chemin. Voilà une étymologie voyageuse, de quoi se perdre ! Heureusement, l'azimut est précisément un angle qui permet de s'orienter grâce à un astre, mais parfois on perd le Nord et, pire, la boussole ; là, on ne sait plus où l'on est. Ainsi, un individu **« azimuté »** a perdu son bon sens, autrement dit sa raison.

- **Autres azimuts :** *cinglé, dingue, fêlé, marteau.*
- **En restant poli :** *déboussolé.*
- **Avec classe :** *GPS défaillant.*

Vendu...

Du verbe latin *vendere*, vendre. Dans notre univers mercantile, **« vendu »** est l'aboutissement de tout échange commercial ; en revanche, on évitera de se faire traiter ce **« vendu »**, manifestation d'un dégoût dénonçant une compromission ou une corruption.

- **Si on n'a pas l'âme d'un commissaire-priseur :** *magouilleur, ripou.*
- **En restant poli :** *corrompu, crapule.*
- **Avec classe :** *bradeur de probité.*

Turlupin…

20 Avril

Surnom donné au début du XVIIe siècle à Henry Legrand, auteur de farces où abondaient mauvais jeux de mots et plaisanteries douteuses, probablement par allusion aux **« turlupins »**, membres d'une secte au XIVe siècle qui soutenaient qu'on ne doit pas avoir honte de ce qui est naturel ; cette belle théorie en fit des hérétiques persécutés ! Aujourd'hui, ce terme est devenu désuet mais peut encore être efficace pour exprimer son exaspération à une personne qui tient des propos grossiers.

- **Pour être plus contemporain :** *beauf, gougnafier, gugusse, sagouin.*
- **En restant poli :** *goujat, rustre.*
- **Avec classe :** *apprenti farceur.*

Caca...

Dérivé du verbe latin *cacare*, chier. Ce terme enfantin (souvent associé à « pipi »), qui peut attendrir les parents, ne doit pas faire oublier toute la dureté (si l'on peut dire !) qu'il exprime dans une expression comme **« être dans le caca »**, c'est-à-dire avoir des ennuis, autrement dit « être dans la merde » !

- **Pour ceux qui ont quitté l'enfance :** *chiotte, merde ; être dans le merdier.*
- **En restant poli :** *flûte ! avoir des problèmes.*
- **Avec classe :** *et zut ! appréhender les contingences existentielles.*

Butor…

Du latin *buteo-taurus*. Cet oiseau échassier a la particularité de pousser un cri rauque qui rappelle celui d'un taureau ; c'est probablement ce mugissement sans délicatesse contrastant avec son apparence qui a nourri l'insulte **« quel butor ! »** pour souligner un comportement particulièrement lourd ou stupide.

- **Par respect pour les oiseaux :** *balourd, connard, grosse quiche.*
- **En restant poli :** *goujat, rustre.*
- **Avec classe :** *ours mal léché.*

Saloperie...

Dérivé au XVIIe siècle de *salope*, femme sale, **« saloperie »** désigne d'abord une chose sale, répugnante ou mauvaise ; mais la fraternité humaine ne s'est pas interdit de faire glisser ce terme vers un usage injurieux pour caractériser un individu au comportement écœurant (physique ou moral).

- **Pour les amateurs d'antithèses :** *une belle saloperie !*
- **En restant poli :** *crasse, saleté, ordure.*
- **Avec classe :** *avanie.*

Rigolo…

Sans doute issu d'un croisement de « riolle » (partie de plaisir), dérivé de « rire », et de « gale », réjouissance, du verbe « galer », s'amuser. Si cette étymologie compliquée suggère d'abord une signification joyeuse où le **« rigolo »** est une personne amusante, le terme peut prendre un tour péjoratif pour dénoncer un manque de sérieux, une tendance à la fumisterie, un manque de fiabilité, ce qui est déjà moins drôle… Il faut choisir avec soin les rigolos que l'on fréquente !

- **Pour rire :** *charlot, guignol, gugusse, mariolle.*
- **En restant poli :** *plaisantin.*
- **Avec classe :** *le rire jaune.*

Gredin…

15 Septembre

Issu du néerlandais *gredich*. Le **« gredin »** est un être malin dont les agissements malhonnêtes, malveillants, se révèlent souvent après coup et provoquent alors une exclamation pleine de fatalité et de colère **« quel gredin ! »**.

- **Pour libérer sa tension :** *escroc, fumier, ordure, salopard.*
- **En restant poli :** *bandit, malfaisant, voyou.*
- **Avec classe :** *engeance de l'ombre.*

Foutoir...

Dérivé de « foutre », du verbe latin *futuere*, avoir des rapports avec une femme. Variante de « bordel », lieu de débauche, le **« foutoir »** a aussi son sens figuré d'endroit où règne un grand désordre. Son emploi **« quel foutoir ! »** traduit souvent une exaspération et/ou un grand découragement face à la vision d'un lieu chaotique ou d'une situation confuse.

- **Autres désordres :** *bazar, boxon.*
- **En restant poli :** *capharnaüm.*
- **Avec classe :** *chaos domestique ; chaos dialectique.*

Rat...

Peut-être dérivé du verbe latin *radere*, ronger. Le **« rat »**, vecteur de nombreuses maladies, a très mauvaise réputation ; qu'il soit rat des champs ou rat des villes ne change rien à l'affaire. Ainsi **« quel rat ! »** sera employé pour exprimer du dédain ou du dépit à propos du manque de générosité, de l'avarice d'une personne.

- **Une petite « ra-llonge » :** *radin, rapiat.*
- **En restant poli :** *avare, pingre.*
- **Avec classe :** *harpagon.*

Pourriture...

Dérivé du verbe latin *putrire*, pourrir. On sait que la **« pourriture »**, « au sens propre », est le résultat d'une décomposition organique qui ne sent pas très bon. Dès lors, traiter quelqu'un de **« pourriture »** correspond à une injure forte pour traduire un écœurement face à un agissement amoral, douteux.

- **Si pourriture ne suffit pas :** *grosse merde, fumier, sale petite pourriture, saloperie.*
- **En restant poli :** *malhonnête, voyou.*
- **Avec classe :** *miasmes putrides.*

Cloche...

17 Septembre

Du latin *clocca*. On sait que cet instrument creux « résonne » lorsque l'on frappe dessus... Dire de quelqu'un **« quelle cloche ! »**, c'est pointer sa maladresse, sa naïveté ou sa niaiserie, et indiquer ainsi qu'il ne « raisonne » pas bien, sans doute parce qu'il est sans consistance, « creux » comme une cloche !

- **Si vous ne voulez pas attendre Pâques :** *fêlé, givré, timbré.*
- **En restant poli :** *imbécile, nigaud.*
- **Avec classe :** *bronze du clocher.*

Blaireau…

De l'ancien français *bler*, tacheté. Ce terme désigne d'abord un petit mammifère au pelage clair sur le dos et foncé sous le ventre. Dire de quelqu'un que c'est un **« blaireau »**, c'est pointer sa vantardise, son côté « Monsieur je-sais-tout » ou son incompétence. Si vous souhaitez souligner un spécimen particulièrement rare, **« gros blaireau »** est recommandé

- **Pour ne pas pénaliser ce gentil animal, vous pouvez aussi dire :** *quéqué, m'as-tu-vu, nase, cave.*
- **En restant poli :** *prétentieux, vantard.*
- **Avec classe :** *le roi n'est pas son cousin ; ses ailes de géant l'empêchent de marcher.*

Gourde…

Du latin *cucurbita*. Comme cette origine le précise, il s'agit donc d'une espèce de courge qu'on peut utiliser en dehors de la cuisine pour insulter une personne particulièrement maladroite dans son comportement ou son raisonnement, en fait souvent les deux ! Pour les amateurs d'intensité, **« vraie gourde »** décuple l'effet.

- **Pour les végétariens :** *cornichon, patate, truffe.*
- **En restant poli :** *emprunté, pataud.*
- **Avec classe :** *air de coloquinte.*

Foutre…

Dérivé du verbe latin *futuere*, avoir des rapports avec une femme. Gros mot pour désigner l'acte sexuel ou le sperme, **« foutre »** devient une injure pour exprimer une exaspération, un congédiement brutal : **« qu'est-ce que ça peut te foutre », « va te faire foutre ».**

- **Le dire sans se répéter :** *baiser, limer, niquer, tringler ; aller se faire voir chez les Grecs (évidemment, il existe d'autres destinations !).*
- **En restant poli :** *faire l'amour, s'occuper de ses affaires.*
- **Avec classe :** *connaître bibliquement.*

Pécore…

De l'italien *pecora*, brebis, tête de troupeau. Cette étymologie animale explique sans doute que très tôt, « **pécore** » a été synonyme de bête, stupide, voire prétentieux ; donc signaler à une personne que c'est une « **pécore** » n'est vraiment pas une flatterie. Aujourd'hui, on utilisera « **pécore** » au féminin, pour désigner la sottise d'une femme, tandis qu'au masculin, l'exclamation « **quel pécore !** » sera employée pour désigner avec condescendance un paysan.

- **En dehors de l'enclos :** *branleuse, petite merdeuse ; bouseux, péquenot, plouc.*
- **En restant poli :** *pimbêche ; paysan.*
- **Avec classe :** *précieuse ridicule ; arpenteur de sillons.*

Morue…

Peut-être une association du celtique *mor*, mer, et de l'ancien français *luz*. Grand poisson que l'on trouve dans les mers froides, la **« morue »**, lorsqu'elle devient terrestre, désigne une prostituée : on mesure alors le caractère insultant d'un constat comme **« tiens, t'as vu cette morue ! »** lorsqu'il évoque une femme.

- **Si vous n'aimez pas le poisson :** *greluche, pute, racoleuse, traînée.*
- **En restant poli :** *prostituée, péripatéticienne.*
- **Avec classe :** *ondine du trottoir, Vénus à péage.*

Flemmard…

20 Septembre

Dérivé de « flegme » (et « flemme »), de l'italien *flemma*, lenteur, placidité. Dans l'ancienne médecine, le corps humain comportait quatre humeurs fondamentales, dont la « flegme » qui caractérisait un comportement froid et tranquille. Le suffixe péjoratif « ard » a accentué cette tendance jusqu'à la paresse : dire à quelqu'un qu'il est un **« flemmard »** c'est lui reprocher son inertie. Il est à parier qu'il prendra cette remarque avec beaucoup de flegme !

- **Pour ne pas vous fatiguer :** *branleur, bulleur, cossard, feignasse, glandeur, mou du genou.*
- **En restant poli :** *apathique, fainéant.*
- **Avec classe :** *procrastineur.*

Dinde…

C'est Christophe Colomb qui a ramené de son « Inde » (les Antilles) cette poule d'Inde, femelle du dindon. Dans l'univers impitoyable des humains, **« une petite dinde »** ne finit pas nécessairement sur la table de Noël avec des marrons, mais peut aussi désigner une femme dont l'attitude est jugée stupide.

- **Kit pour les misogynes :** *blonde, cruche, gourde, oie, pétasse.*
- **En restant poli :** *idiote, sotte.*
- **Avec classe :** *femme de basse-cour.*

Ramolli...

21 Septembre

Construit à partir du latin *mollis*, mou. Même si un peu de douceur dans ce monde de brutes est toujours souhaitable, **« ramolli »** ne trompe personne : il s'agit bien d'une insulte pour condamner un manque de caractère et/ou une lenteur d'action et de raisonnement.

- **Une série plus ferme :** *cloche, débile, gâteux, lopette, nase, tâche.*
- **En restant poli :** *bête, mou, sénile.*
- **Avec classe :** *conducteur d'omnibus.*

Prout…

Cette onomatopée présente dès le Moyen Âge évoque le bruit produit par le pet. Employée comme interjection, **« prout ! »** pouvait suggérer le dédain, la désinvolture, l'impatience ou l'indifférence. Aujourd'hui, elle appartient surtout au langage enfantin (**« j'ai fait un prout ! »**), mais rien n'interdit de l'employer pour éviter l'usure de son cousin « et puis zut ! ».

- **Un équivalent à faire briller :** *rien à cirer.*
- **En restant poli :** *flûte.*
- **Avec classe :** *à quoi bon !*

Cocu...

22 Septembre

Variante du « coucou », du latin *cuculus*, imbécile, galant. On sait que les coucous ne prennent pas en charge leur progéniture et pondent dans des nids étrangers ; c'est cette réputation d'infidélité qui est associée au terme **« cocu »** désignant un mari trompé par sa femme. Vrai ou faux, l'injure **« cocu »** cherche à humilier son destinataire. On notera la croyance populaire considérant, par une curieuse antiphrase, que la chance au jeu correspond à une **« veine de cocu »**... Sans doute, un effet de jalousie...

- **Un peu vieilli mais encore assez efficace :** *cornard.*
- **En restant poli :** *mari marri.*
- **Avec classe :** *philanthrope.*

Beauf…

10 Avril

Abréger en dit souvent plus long ! C'est le cas avec **« beauf »**, abréviation de beau-frère ; traiter quelqu'un de **« beauf »** n'est pas un constat d'état civil sur une relation filiale, mais l'expression désabusée sur des manières un peu lourdes, un esprit borné, où la délicatesse est aussi rare qu'une goutte d'eau dans le Sahara… Une bande dessinée de Cabu et une chanson de Renaud ont largement contribué à définir les contours du **« beauf »**.

- **Réunion de famille :** *abruti, connard, empaffé, gros nase.*
- **En restant poli :** *goujat, sans-gêne.*
- **Avec classe :** *erreur de famille.*

Goujat…

23 Septembre

Issu du languedocien *goujo*, garçon, valet d'armée. Dans la rudesse de notre monde, le **« goujat »** a toutes les chances de passer inaperçu, car c'est précisément son manque de tact et de savoir-vivre qui le caractérisent. On notera que l'insulte **« vieux goujat »** s'est spécialisée dans le domaine sexuel.

- **Pour varier le constat des mauvaises manières :** *cochon, gougnafier, obsédé, pignouf, salopard.*
- **En restant poli :** *malotru, mufle.*
- **Avec classe :** *handicapé des bonnes manières.*

Foutriquet…

Dérivé du verbe « foutre », du latin *futuere*, avoir des rapports sexuels avec une femme. Voici, si l'on peut dire, un des petits de « foutre » ; apparu à la fin du XVIIIe siècle, le **« foutriquet »** désigne d'abord une personne de petite taille, malingre, « mal foutue » en quelque sorte… La bonté humaine étant sans limite, la signification de **« foutriquet »** s'est élargie : traiter quelqu'un de **« foutriquet »**, c'est lui exprimer son mépris et son caractère insignifiant.

- **Si l'on n'a pas autre chose à foutre :** *avorton, branleur, chiure de mouche, sous-merde.*
- **En restant poli :** *freluquet, incapable, nain.*
- **Avec classe :** *vous cherchez à communiquer ?*

Taré...

De l'italien *tara*, emprunté à l'arabe *tarh*, soustraction. La tare est un défaut physique ou psychique, un manque, qui peut peser dans les relations humaines ; ainsi, l'exclamation **« quel taré ! »** manifeste une exaspération face à un comportement jugé incohérent.

- **À la lettre « d » :** *dégénéré, débile.*
- **En restant poli :** *idiot.*
- **Avec classe :** *soustraction sans retenue.*

Scélérat...

Du latin *sceleratus*, crime. L'injure n'écarte pas nécessairement l'élégance… C'est le cas de **« scélérat »**, terme qui appartient à un registre de langue soutenue mais produit un propos injurieux efficace quand il dénonce une personne convaincue de malversations ou de crime.

- **Pour le dire sans gants :** *fumier, ordure, salaud, vieille salope.*
- **En restant poli :** *bandit, truand.*
- **Avec classe :** *honte de l'humanité.*

Débile…

25 Septembre

Du latin *debilis*, faible, infirme. Le mot **« débile »** a pris son caractère insultant au XXe siècle pour exprimer une exaspération devant un comportement, une situation ou une personne : **« c'est débile »** traduit une condamnation ; **« il est complètement débile »** ou **« pauvre débile »**, outre l'aspect insultant, exprime aussi une certaine impuissance à changer la personne visée.

- **Pour les psychologues :** *arriéré, demeuré, idiot, névrosé.*
- **En restant poli :** *bête, stupide.*
- **Avec classe :** *nullissime.*

Croûton...

Du latin *crusta*, croûte. Bout du pain, nos dents savent toute la dureté du **« croûton »**, qui peut gagner toute la mie, s'il s'agit d'un morceau de pain rassis. C'est sans doute cette raideur et ce manque de fraîcheur qui sont associés à l'expression **« vieux croûton »**, insulte à l'adresse d'une personne jugée dépassée et bornée.

- **Pour les anglophones :** *has been.*
- **En restant poli :** *conformiste, ringard.*
- **Avec classe :** *psychorigide.*

Tante...

Du latin *amita*, tante paternelle. Ici, il ne s'agit pas de la femme de l'oncle, ni du mont-de-piété où l'on mettait en gage des biens contre de l'argent, mais d'une allusion insultante pour se railler de l'aspect efféminé d'un homme, censé être le signe de son homosexualité réelle ou imaginée. Cette **« tante-là »** peut donc parfaitement être un oncle !

- **Variantes de famille :** *tantouze, tata.*
- **En restant poli :** *homosexuel.*
- **Avec classe :** *apôtre de l'envers.*

Siphonné…

Dérivé de « siphon », du latin *sipho*, petit tube creux. On peut faire passer un liquide d'un récipient à un autre situé en dessous à l'aide d'un siphon, sorte de tuyau courbé : le récipient vidé aura donc été **« siphonné »**. Si devant un comportement aberrant, illogique, on s'exclame **« mais ce type est complètement siphonné ! »**, on laissera supposer que son récipient supérieur, son cerveau, ne contient plus rien. S'il prend mal l'insulte, on pourra lui chantonner « ainsi, font, font, font, les petites marionnettes ». Prudence tout de même…

- **Si vous n'êtes pas versé en plomberie :** *abruti, cinglé, demeuré, neuneu, piqué, sinoque.*
- **En restant poli :** *dément, fou.*
- **Avec classe :** *cerveau en vidange.*

Fiotte...

Formé à partir de « fillotte » du latin *filius*, fils, enfant. En argot du XIXe siècle, la « fillotte » était un terme méprisant pour désigner un homosexuel passif; **« fiotte »** en est une contraction mais garde toute sa force péjorative et agressive.

- **Au rendez-vous des poètes :** *empaffé, enculé, emmanché.*
- **En restant poli :** *homo, gay.*
- **Avec classe :** « *je* » *est un autre.*

Empaffé…

Construit avec le préfixe « em » et le terme argotique « paf », le sexe masculin, du latin *palus*, pieu, poteau. Force est de constater que ce terme n'est pas très employé ; pourtant, vous l'avez compris, l'emploi d'**« empaffé »** permet une licence poétique qui renouvelle l'usage courant et massif d'« enculé ». Cependant, il convient de s'assurer que le destinataire d'une telle insulte a bien compris la signification « profonde » de cette saillie originale…

- **Pour ceux qui préfèrent le classique :** *connard, enculé, enflure, pédé, petite fiotte, trou du cul.*
- **En restant poli :** *misérable, pauvre mec.*
- **Avec classe :** *envers et contre tous…*

Ramier...

28
Septembre

Dérivé du latin *ramus*, branche. Le **« ramier »** est d'abord un gros pigeon sauvage que les chasseurs aiment accommoder avec des petits pois ; pourtant, dire de quelqu'un **« c'est un ramier »** n'établit pas une comparaison avec ce gibier mais revient à le traiter de fainéant ! Il est probable que cet emploi est lié à la proximité d'une expression « ne pas en fiche une rame, ou une ramée », c'est-à-dire, ne rien faire, ne fournir aucun effort, sans doute de peur d'être pris pour un « pigeon » !

- **Pour les amis des animaux :** *cossard, feignasse, flemmard, glandeur, glandouilleur, mollasson.*
- **En restant poli :** *fainéant, mou.*
- **Avec classe :** *albatros (ses ailes de géant l'empêchent de marcher !).*

Punaise...

Dérivé de « punais », du latin *putinasius*, qui sent mauvais. Autrefois, « un homme punais » signifiait qu'il sentait une odeur fétide, répugnante. Aujourd'hui, seul le terme féminin **« punaise »** demeure pour désigner notamment un petit insecte parasite à l'odeur repoussante. S'exclamer **« quelle punaise ! »** à propos d'une personne exprime donc une absence d'estime suscitée par ses agissements pernicieux, manière de dire qu'elle n'est pas en odeur de sainteté et qu'on l'a « dans le nez » !...

- **Insultes inodores :** *petite connasse, pouffiasse, salope, vérole.*
- **En restant poli :** *femme sans cœur ; manipulatrice.*
- **Avec classe :** *Gorgone du quotidien.*

Gouape…

Emprunté à l'argot espagnol *guapo*, brigand, coupe-jarret. À la fin du XIXe siècle, une **« gouape »** offre un éventail de significations : le terme peut désigner un débauché, un ivrogne, un malfaiteur, un vagabond, bref une personne qui ne brille pas par sa droiture et son respect des codes sociaux. Aujourd'hui, le terme est plus restrictif : traiter quelqu'un de **« petite gouape »** exprime un mépris et/ou une exaspération devant une incivilité…

- **Si vous trouvez « gouape » un peu trop rétro :** *branleur, petite frappe, petite merde, quéqué.*
- **En restant poli :** *vaurien.*
- **Avec classe :** *abonné au TIG (travail d'intérêt général).*

Frappadingue...

Construit à partir de « frappa », dérivé de « frapper », de l'onomatopée *frap*, marquer un choc violent, et de « dingue », désignant probablement le paludisme en argot à la fin du XIXe siècle. Dire d'une personne qu'elle est « frappée » ou « dingue » c'est porter un diagnostic peu favorable sur sa santé mentale, on imagine alors l'intensité doublée de **« frappadingue »**, la camisole n'est pas loin.

- **Vocabulaire d'asile :** *azimuté, barjo, déjanté, fondu, loufoque, tordu.*
- **En restant poli :** *dément, malade mental.*
- **Avec classe :** *grève d'une certaine catégorie de neurones.*

Chiotte...

Du latin *cacare*, chier. Les **« chiottes »** désignent ce lieu d'aisances où l'on fait ses besoins naturels. Gros mot, ce terme devient insulte pour conspuer quelqu'un : ainsi, dans les stades de football, le public conteste parfois les décisions de l'arbitre par de retentissants **« aux chiottes l'arbitre ! »**, manière peu élégante de dire que l'on trouve ses jugements « merdiques » !

- **Pour les amateurs de Francis Cabrel :** *la cabane au fond du jardin (à prononcer « avé l'assent »).*
- **En restant poli :** *cabinet, toilettes.*
- **Avec classe :** *lieu où même les héros font des efforts.*

Bouché...

Du latin *bosca*, broussaille. Si les voies du Seigneur sont réputées impénétrables, celles de l'intelligence sont aussi mystérieuses et parfois, force est de remarquer, qu'elles sont obstruées ; d'où le constat consterné adressé à une personne bornée **« tu es complètement bouchée »**.

- **Pour les diagnostics sévères :** *bouché à l'émeri.*
- **En restant poli :** *obtus, fermé.*
- **Avec classe :** *cul-de-sac.*

Peau…

Du latin *pellis*, peau d'animal, fourrure, cuir. Notre enveloppe extérieure à laquelle nous consacrons des soins attentifs est un indicateur du temps qui passe : on sait que la **« peau de pêche »** de notre enfance ne dure pas. Dire de quelqu'un **« quelle vieille peau ! »**, c'est souligner méchamment l'outrage des ans et accessoirement qu'il est dépassé et ne comprend plus grand-chose au monde. Attention, en retour on peut essuyer un **« peau de vache »**, autrement manière de **« faire la peau »** ! On notera que l'argot du XIXe siècle assimilait la **« vieille peau »** à une prostituée.

- **Si vous tenez à votre peau :** *croûton, ruinasse, vieux débris.*
- **En restant poli :** *ancêtre, dépassé.*
- **Avec classe :** *ah, vieillesse ennemie !*

Nase...

Du latin *nasus*, nez. Ce terme provient de l'argot du XIXe siècle où il désignait une personne atteinte de syphilis ; aujourd'hui, les progrès de la médecine ont éradiqué ce fléau, mais sans être docteur ès sciences, on comprend bien que se faire traiter de **« gros nase »** n'est pas un compliment mais une insulte pour traduire une médiocrité supposée.

- **Une autre ordonnance possible :** *abruti, nullard, ramolli, tocard.*
- **En restant poli :** *benêt, imbécile, jobard.*
- **Avec classe :** *épouvantail à temps complet, anomalie darwinienne.*

Morveux…

L'origine n'est pas attestée, sans doute du méridional *gourme*, qui désigne une maladie chevaline se manifestant par des écoulements purulents. Chez les humains, l'humeur visqueuse qui s'écoule du nez et n'est pas essuyée promptement avec un mouchoir transforme en **« morveux »**. Traiter de **« petit ou de sale morveux »** est une insulte pour pointer un manque de modestie chez une jeune personne ; manière de la moucher…

- **Pour changer d'orifice :** *trou du cul.*
- **En restant poli :** *prétentieux, vantard.*
- **Avec classe :** *Apollon de belvédère.*

Fion...

31 Mars

Origine incertaine, peut-être de « fignoler », dérivé du latin *finis*, limite, but. Le **« fion »** a de multiples emplois : pour les amateurs de peinture, **« donner le coup de fion »**, c'est mettre la dernière touche à un tableau ; au jeu, **« avoir un coup de fion »** signifie avoir de la chance, donc très proche « d'avoir un coup de cul » ; enfin, pour exprimer un refus très net à un interlocuteur, on peut l'inviter **« à se le foutre dans le fion »**, autrement dit dans le cul !

- **Des fondements plus connus :** *croupion, cul, derche, échalote, rondelle, trou.*
- **En restant poli :** *anus, fondement.*
- **Avec classe :** *tunnel de liaison.*

Empapaouter...

Ce mot à l'origine mystérieuse possède une fonction injurieuse que pourtant tout le monde saisit : **« va te faire empapaouter »** est une variante directe de l'invitation au voyage « va te faire voir chez les Grecs », dont la connotation triviale n'échappe à personne. L'expression traduit une exaspération et une manière de mettre fin à une conversation.

- **Pour les situations automobiles :** *va te faire enculer ; dégage, connard.*
- **En restant poli :** *cesser la discussion, dégager.*
- **Avec classe :** *prendre un billet pour Mykonos.*

Radin…

Origine incertaine, peut-être variante de l'argot *rade, radeau*, tiroir de comptoir. Dans la vie, il y a les généreux qui ne comptent pas, toujours prêts à aider, à donner, et les autres qui contrôlent tout, pour qui un sou est un sou, toujours prêts à ne pas partager, bref des **« radins »** ! On l'aura compris, le **« radin »** n'aime pas dépenser son argent, il est avare et compte sur les autres. Belle mentalité !

- **Soyons généreux :** *grigou, grippe-sous, pingre, mesquin, rapiat, rat.*
- **En restant poli :** *avare, parcimonieux.*
- **Avec classe :** *harpagon.*

Purge…

Dérivé du verbe latin *purgare*, purger. La **« purge »** est d'abord un moyen de se débarrasser de quelque chose ou de quelqu'un : donc laxatif ou élimination. Dès lors, dans un excès d'exaspération, dire à une personne **« mais, tu es une vraie purge ! »**, c'est lui attribuer des propriétés laxatives qui peuvent l'offusquer ; mais on retiendra que la formule demeure néanmoins sensiblement plus délicate que « tu me fais chier ». Il y a un choix à faire…

- **Autres purgations :** *chieur, emmerdeur, Jean-foutre.*
- **En restant poli :** *pénible, raseur.*
- **Avec classe :** *vidangeur de l'extrême.*

Filou…

Construit à partie de « fileur », dérivé de « filer », du verbe latin *filare*, étirer un fil. L'étymologie nous rappelle que si le **« filou »** file, c'est certainement un mauvais coton ; en effet, le **« filou »** désignait autrefois un voleur professionnel particulièrement habile ; aujourd'hui, le terme peut s'employer dans une injure **« quel filou ! »** pour stigmatiser un voleur occasionnel ou une personne à l'honnêteté douteuse. On notera l'exclamation presque affectueuse à propos d'un enfant espiègle et facétieux, **« ah, le petit filou ! »**.

- **Pour ceux qui ne « filent » pas droit :** *arnaqueur, coquin, estampeur, ripou, salopiaud.*
- **En restant poli :** *coquin, voyou.*
- **Avec classe :** *intermittent de l'honnêteté.*

Empoté…

Construit avec « en » et l'ancien français *pot*, engourdi. On saisit bien que si cela est normal qu'une plante soit **« empotée »**, cela l'est moins d'une personne. Cette insulte légère marque alors l'impatience devant un comportement maladroit ou jugé trop lent.

- **Pour les amateurs de « jardinière » :** *abruti, branque, manche.*
- **En restant poli :** *mou, maladroit.*
- **Avec classe :** *doigts palmés.*

Patate…

De l'espagnol *patata*. Voilà un tubercule comestible devenu populaire au XVIIIe siècle grâce à Parmentier et qui peut aussi nourrir une insulte légère **« espèce de patate »** lorsqu'on constate la crédulité ou la bêtise de quelqu'un.

- **Les jours où vous n'avez pas la frite :** *ballot, boulet, jobard, plouc.*
- **En restant poli :** *naïf, nigaud.*
- **Avec classe :** *gratin de bûche.*

Nigaud...

Abréviation populaire de Nigodème (Nicodème), disciple du Christ. Cet apôtre, qui n'avait sans doute pas toujours une vivacité d'esprit de premier ordre, a servi de support pour désigner une personne qui manque de discernement et se retrouve souvent empêtrée dans des situations délicates : **« quel nigaud ! »** n'est donc pas une louange.

- **Si vous n'êtes pas un bon apôtre :** *abruti, branque, cornichon, couillon, godiche.*
- **En restant poli :** *idiot, niais, sot.*
- **Avec classe :** *docteur ès bourdes.*

Godiche…

Si l'incertitude prévaut sur l'origine de **« godiche »**, peut-être un diminutif de Claude, *Godon*, l'insulte qu'elle représente est sans équivoque : **« être godiche »** ou **« avoir l'air godiche »** traduit un comportement emprunté ou/et un raisonnement niaiseux.

- **Pour les amateurs de contenants :** *cruche, empoté, gourde.*
- **En restant poli :** *balourd, benêt.*
- **Avec classe :** *finaliste d'un jeu de télé-réalité.*

Frappe...

Construit à partir de l'argot « frapouille », dérivé du verbe « frapper », de l'onomatopée « frap », marquer un choc violent. Le terme **« frappe »** désigne une personne appartenant à l'univers des voyous où la violence est un mode de communication courant. On notera la formule doublement péjorative **« petite frappe »** qui sous-entend que la personne visée ne vaut pas grand-chose, y compris dans la hiérarchie des malfaisants. Les médiévistes retiendront le terme ancien (XIIe siècle !) « frapaille », équivalent de « canaille ».

- **Que du beau linge :** *arsouille, gangster, gouape, loubard, salopard.*
- **En restant poli :** *crapule, truand, vaurien.*
- **Avec classe :** *du côté de la force obscure.*

Patapouf...

Cette onomatopée apparaît à la fin du XVIIIe siècle pour évoquer le bruit d'une chute brutale, mais subit par la suite la concurrence de boum, badaboum, vlan. Elle se reconvertit alors en insulte pour se moquer d'une personne trop grosse : son poids étant censé être sonore pendant ses déplacements... Curieusement, la formule intensive **« gros patapouf »** produit un sens presque affectueux : à déconseiller donc, si l'on recherche l'insulte...

- **Autres sons, mêmes sens :** *boudin, cageot, gros lard, grosse truie.*
- **En restant poli :** *gros, obèse.*
- **Avec classe :** *sumotori.*

Niquer…

De l'arabe *i-nik*, il fait l'amour. Curieusement, les expressions de l'acte sexuel, source de plaisir fondateur, servent souvent de supports à toutes sortes d'injures et d'insultes. **« Niquer »** n'échappe pas à ce penchant, puisque **« niquer quelqu'un »**, c'est le tromper, et **« va te faire niquer »**, la variante exotique de **« va te faire foutre ! »**. Mystère de l'âme humaine…

- **Si, puriste de la langue, vous hésitez sur la prononciation :** *baiser, enculer, enfler, entuber ; aller se faire foutre.*
- **En restant poli :** *leurrer ; dégager.*
- **Avec classe :** *détourner du capital confiance ; délocaliser sa sexualité.*

Femmelette…

Du latin *femina*, femme. Employé par un homme pour parler d'une femme, **« femmelette »** signale à la fois sa supposée faiblesse et le machisme du locuteur ; adressée à un homme, **« espèce de femmelette »** prend un tour agressif pour exprimer un dédain devant une absence de courage ou d'énergie.

- **Pour le macho qui sommeille en vous :** *gonzesse, trépané des burettes.*
- **En restant poli :** *grand mou, paresseux.*
- **Avec classe :** *pâte molle.*

Enculé...

Du latin *culus*, cul. Injure courante, elle ne marque pas (enfin, en principe !) la conclusion d'une relation sexuelle ni de l'intérêt à l'endroit de l'envers d'une personne. **« Quel enculé »**, **« espèce d'enculé »** expriment d'abord la colère face aux agissements d'une personne. Ainsi sur les stades de football, les décisions de l'arbitre sont souvent contestées par un **« arbitre, enculé »**.

- **Pour les poètes :** *connard, fumier, ordure, pédé.*
- **En restant poli :** *minable, pauvre type.*
- **Avec classe :** *Sodomite.*

Radasse…

Dérivé de l'argot *rade*, trottoir. S'il s'agit du plus vieux métier du monde, le terme « radasse » n'apparaît cependant qu'au début du XXe siècle ; le suffixe péjoratif « asse » annonce le caractère méprisant du terme. Traiter une femme de **« radasse »** est une injure laissant supposer qu'elle ne vaut guère mieux qu'une prostituée. Les linguistes noteront le terme radeuse (fin XIXe siècle), de sens équivalent, qui n'a pas survécu, car probablement moins agressif.

- **Autres joyeusetés :** *gigolette, morue, poule, putain, tapineuse.*
- **En restant poli :** *fille de joie.*
- **Avec classe :** *belle de nuit, belle de jour.*

Putain…

Du latin *putidus*, puant. C'est au Moyen Âge que ce terme malodorant a pris le sens de prostituée. Sous sa forme simple, **« putain »** peut être un simple juron pour exprimer un ratage ou curieusement une admiration soudaine ; en revanche, il devient une injure forte et sexiste dans une expression comme **« sale putain »**.

- **En mode économique :** *merde, zut ; salope.*
- **En restant poli :** *punaise ; malpropre.*
- **Avec classe :** *saperlipopette ; p…*

Gland...

Du latin *glans*, fruit du chêne. On sait que les cochons raffolent de glands... Traiter quelqu'un de **« gland »**, c'est lui signifier sa balourdise, son manque d'énergie et d'initiative au travail. Il est probable que cette petite insulte joue aussi d'une comparaison implicite avec l'extrémité du sexe masculin.

- **Dans la famille du gland :** *glandeur, glandeuse, glander, glandouilleur.*
- **En restant poli :** *ballot, fainéant, maladroit.*
- **Avec classe :** *gaucher des deux mains.*

Constipé…

Dérivé du verbe latin *constipare*, serrer. La difficulté à évacuer le produit de ses intestins peut provoquer sur le visage des crispations bien visibles ; c'est par analogie avec cette situation si humaine que l'on peut dire de quelqu'un qu'il a **« l'air constipé »** pour traduire son attitude guindée.

- **Plus direct :** *coincé du cul.*
- **En restant poli :** *contraint, embarrassé*
- **Avec classe :** *cherche laxatif désespérément !*

Freluquet…

Dérivé de « freluquet », variante de « freluche », mèche de tissu ou de cheveux (tiré de « fanfreluche »). La « freluche » était un ornement féminin, souvent frivole et de peu de valeur ; dès lors, on comprend vite que traiter un homme de **« freluquet »** n'est pas vraiment un compliment, mais plutôt une manière d'exprimer son dédain devant son attitude prétentieuse et désinvolte. S'emploie exclusivement en direction de la génération montante (**« jeune freluquet »**). Les numismates noteront que le **« freluquet »** désignait au XVIe siècle une pièce de monnaie de peu de valeur.

- **Pour rester léger :** *petit branleur, petit con, enculeur de mouches, jeune merdeux, trou du cul.*
- **En restant poli :** *godelureau (vieilli mais presque classe !).*
- **Avec classe :** *C'est cela, oui… (avec l'intonation de Thierry Lhermitte dans* Le Père Noël est une ordure*).*

Zob...

Dérivé de l'arabe *zobb*, membre viril. Souvenir rapporté des colonies arabes par les militaires à la fin du XIXe siècle, le **« zob »** représente une virilité précieuse gardée jalousement par chaque propriétaire ; dès lors, s'exclamer **« mon zob »** équivaut à un refus net : « rien, pas question ! ». N'insistons pas.

- **Un Z comme :** *zigounette, zizi, zobi.*
- **En restant poli :** *sans moi.*
- **Avec classe :** *vous ne saurez rien.*

Vermine...

21 Mars

Du latin *vermina*. Poux, puces, punaises, ces charmantes bestioles parasites forment le bel ensemble de la vermine contre laquelle l'humanité lutte sans répit depuis la nuit des temps... Dès lors, on imagine sans peine la charge de mépris contenue dans l'exclamation **« quelle vermine ! »** adressée à une personne que l'on considère comme nuisible.

- **Si ça vous démange :** *choléra, fumier, racaille, saloperie.*
- **En restant poli :** *canaille, malfaisant.*
- **Avec classe :** *héros de* La Métamorphose *(F. Kafka).*

Foutriquet…

Construit à partir du verbe latin *futuere*, avoir des rapports avec une femme, et du suffixe – et à connotation dépréciative. Le terme **« foutriquet »** apparaît pendant le Révolution française pour désigner tout d'abord un être chétif, puis par extension un individu insignifiant. À une époque où l'on coupait facilement les têtes, traiter quelqu'un de **« foutriquet »** était donc une autre forme de réduction de la personne, en suggérant par la forte connotation sexuelle du radical « foutre » associé à un diminutif, des capacités de reproduction limitées. Cette insulte aujourd'hui désuète possède cependant des sonorités évocatrices qui ne demandent qu'à reprendre du service.

- **Pour couper court en dehors des périodes révolutionnaires :** *avorton, demi-portion, minus.*
- **En restant poli :** *minable, moins que rien.*
- **Avec classe :** *misérable ciron.*

Dindon…

20 Mars

Construit à partir de « dinde » et du suffixe « on ». Ramené en Europe avec sa femelle (la dinde) par les conquistadores du XVIe siècle, le **« dindon »** (qui glougloute !) semble se pavaner lorsqu'il se déplace dans la basse-cour. Il n'en fallait pas plus pour en faire une image du prétentieux qui se fait facilement tromper en affaires ou par sa femme : cette réputation a été entérinée par l'expression **« être le dindon de la farce »**.

- **Autre volatile victime :** *pigeon.*
- **En restant poli :** *dupe.*
- **Avec classe :** *héros de Georges Feydeau.*

Connard…

Dérivé du latin *cunnus*, con, sexe de la femme. On sait que « con » est sans doute le gros mot, et l'insulte, le plus employé de la langue française ; c'est sans doute pour cela que les jours de relâche, on emploie avec le même effet agressif **« connard »**, qui offre l'avantage de durer plus longtemps en bouche grâce à sa deuxième syllabe.

- **Pour les amateurs :** *« connard » serait peut-être une altération de cornard ; celui qui a des cornes, le cocu.*
- **En restant poli :** *triple idiot.*
- **Avec classe :** *défi à l'humanité.*

Vacherie…

Dérivé de « vache », du latin *vaca*. Parfois on trouve le monde bien cruel : en effet, pourquoi avoir choisi cet animal si paisible, si utile, pour fabriquer le mot **« vacherie »**, synonyme de méchanceté, d'agressivité, de perfidie ? Les anciens rétorqueront que nous ne savons pas ce que c'est que de recevoir par surprise un coup de queue de vache en pleine figure en pratiquant la traite ! Certes…

- **Si l'on aime les vaches, on préférera :** *dégueulasserie, putasserie, saloperie, vomissure.*
- **En restant poli :** *perfidie, traîtrise.*
- **Avec classe :** *action bovine.*

Connasse...

Dérivé du latin *cunnus*, con, sexe féminin. Il est juste que ce terme revienne à son origine, en l'occurrence à la gente féminine, qui n'est pas non plus à l'abri de comportements aberrants expliquant l'emploi de l'insulte **« connasse »**.

- **Si l'on préfère la simplicité :** *conne.*
- **En restant poli :** *imbécile.*
- **Avec classe :** *imperfection au féminin.*

Turlute…

Dérivé de « turlutaine », terme d'origine onomatopéique, désignant une petite flûte. La « turlutaine » est un des nombreux termes argotiques pour désigner le sexe masculin ; dès lors **« faire une turlute »**, autrement dit jouer de la turlutaine, évoque sans équivoque la fellation. On notera que le terme **« turlute »** présente un avantage certain par rapport à fellation : on ne peut pas le confondre avec inflation !

- **D'autres airs :** *faire une gâterie, tailler une flûte, sucer le poireau.*
- **En restant poli :** *rapport.*
- **Avec classe :** *entretien sérieux.*

Feignasse...

Dérivé du verbe latin *fingere*, feindre, modeler. L'expérience nous a appris que les mots terminés par « asse » sont rarement des compliments. Associé ici à « feignant » qui constate un manque de travail, la paresse, **« feignasse »** est une insulte pour exprimer son mépris pour une personne qui manque d'ardeur au travail. On notera que la **« feignasse »** peut aussi bien désigner une femme qu'un homme.

- **Si l'on préfère séparer les genres :** *glandeur ; glandeuse.*
- **En restant poli :** *paresseux, paresseuse.*
- **Avec classe :** *amazone de hamac.*

Enculeur…

Construit avec le préfixe « en », « cul », du latin *culus* et le suffixe « eur ». Ce terme, qui désigne celui qui sodomise, peut être employé de manière efficace dans l'expression **« c'est un enculeur de mouches ! »** pour exprimer son agacement à un individu pointilleux et minutieux à l'excès. La métaphore se suffit à elle-même !

- **S'il n'y a pas de mouches :** *casse-couilles, chieur, emmerdeur.*
- **En restant poli :** *casse-pieds, coupeur de cheveux en quatre.*
- **Avec classe :** *nano-maniaque.*

Saligaud...

Attesté dès le XIVe siècle sous la forme *saligot* comme nom propre et prénom, et de même origine que « salaud » dont il est aussi une variante, **« saligaud »** est une injure davantage spécialisée pour stigmatiser le caractère physique répugnant et sale d'une personne ou de son action (**« un travail de saligaud »**).

- **En modèle réduit :** *petit saligaud.*
- **En restant poli :** *être dégoûtant, malpropre.*
- **Avec classe :** *enfant de Reiser (auteur du personnage « Gros dégueulasse »).*

Ripou…

Forme en verlan de « pourri », du verbe latin *putrire*, pourrir. L'inversion des syllabes n'inverse pas le sens : un **« ripou »** reste un « pourri », c'est-à-dire une personne corrompue, avec cependant une nuance de taille, celle-ci est censée faire respecter la loi puisqu'elle appartient à la police !

- **Variante cinématographique :** *René (le policier joué par Philippe Noiret dans* Les Ripous, *film de Claude Zidi).*
- **En restant poli :** *fonctionnaire de police malhonnête*
- **Avec classe :** *intermittent de la police.*

Givré...

Peut-être dérivé de l'ancien français *joivre*, givre. Dire à quelqu'un qu'il est **« givré »** n'est pas une marque d'attention pour lui signaler une fine couche de glace sur sa personne, c'est, au contraire, lui dire sans détour qu'il n'a pas toute sa raison. Cet emploi est sans doute lié au fait que le froid ralentit l'activité cérébrale. De toutes les manières, cette insulte jette un froid !

- **Pour jeter le froid sans « givré » :** *dingue, dérangé du ciboulot, frappadingue, toqué.*
- **En restant poli :** *dément, fou.*
- **Avec classe :** *avoir les neurones en sorbet.*

Frimeur...

Du latin *frumen*, gosier. Indéniablement notre société du paraître, de l'image et de la comparaison fait la part belle au **« frimeur »**, personne dont l'ego enflé lui dicte une attitude voyante et prétentieuse. Traiter quelqu'un de **« frimeur »** est un petit rappel à l'ordre pour lui signaler que l'on n'est pas dupe de ses absences de modestie.

- **À la manière des personnages de Jean-Paul Belmondo :** « *Boum, boum, badaboum, me voici ma princesse !* »
- **En restant poli :** *prétentieux, vantard.*
- **Avec classe :** « *Vous Tarzan, moi pas Jane.* »

Salaud...

19 Octobre

Du francique *salo*, sale. Valeur sûre, pilier de référence dans l'univers impitoyable de l'injure, **« salaud »** caractérise une personne dont le comportement est jugé inadmissible et écœurant. On notera la curiosité à la connotation presque affectueuse et admirative **« eh ben, mon salaud ! »**.

- **Pour les généalogistes :** *enfant de salaud, fils de salaud, vieux salaud.*
- **En restant poli :** *sale type.*
- **Avec classe :** *docteur ès vilenies.*

Roquet…

Dérivé du verbe dialectal *roquer*, craquer, heurter. Il n'y a pas que les croisements routiers dont il faut se méfier : ainsi le croisement d'un petit danois et d'un doguin a produit le **« roquet »**, ce petit chien hargneux, réputé pour ses aboiements inutiles. Traiter quelqu'un de **« roquet »**, c'est donc mettre en évidence ses propos hargneux, mais en même temps lui signifier qu'on ne le craint pas et qu'on le considère comme un médiocre minable. Les historiens se rappelleront d'un débat entre deux candidats à la présidence de la République où un certain Jacques avait traité de **« roquet »** un certain Laurent ! Ambiance !

- **Le chien aboie, mais la caravane passe :** *avorton, petite bite, étron, minus, rigolo.*
- **En restant poli :** *matamore, minable.*
- **Avec classe :** *nano-monstre.*

Faux-jeton…

20 Octobre

Construit avec « faux », dérivé du latin *falsus*, trompé, et de « jeton » dérivé du verbe latin *jactare*, jeter, calculer. Au XIXe siècle, la pénurie de petite monnaie incitait les commerçants à utiliser des jetons comme contremarques ; des malhonnêtes essayaient parfois de les faire passer pour de vraies pièces. Aujourd'hui, un **« faux-jeton »** est donc un hypocrite qui se fait passer pour ce qu'il n'est pas. Démasqué, il faut lui rendre la monnaie de sa pièce !

- **Autres faux :** *faux cul, faux derche.*
- **En restant poli :** *fourbe, hypocrite, menteur.*
- **Avec classe :** *certifié non conforme.*

Ectoplasme...

13 Mars

Construit avec le préfixe « ecto » et « plasme », du grec *plasma*, ouvrage façonné. Les biologistes connaissent l'**« ectoplasme »**, couche superficielle de la cellule chez les protozoaires ; les amateurs de spiritisme croient à l'**« ectoplasme »**, prétendue émanation produite par un médium ; enfin, les personnes plus terre à terre emploient l'exclamation **« espèce d'ectoplasme »** pour stigmatiser une personne falote qui ne prend jamais position. On notera que le capitaine Haddock apprécie particulièrement cette insulte.

- **Si les termes scientifiques vous rebutent :** *branque, chiffe molle, constipé, eunuque, mou de la bite.*
- **En restant poli :** *invisible, mou.*
- **Avec classe :** *chevalier de carton-pâte.*

Tache...

Origine incertaine, peut-être dérivé du verbe latin *tingere*, teindre. Depuis la fameuse tache originelle (le péché d'Adam et Ève), la **« tache »** est synonyme de salissure, de souillure qu'il faut absolument enlever, essuyer, frotter, bref faire disparaître. Dès lors, traiter une personne de **« tache »** ou mieux de **« pauvre tache »**, c'est lui exprimer son plus profond mépris devant ses agissements misérables et lui signifier que pour s'améliorer, la « tâche » sera difficile !

- **Pour faire place nette :** *nullard, petite merde, salopiaud.*
- **En restant poli :** *minable.*
- **Avec classe :** *agent de malpropreté.*

Sous-fifre...

Composé du préfixe « sous » qui marque l'infériorité et de « fifre », dérivé de l'argot militaire *fifrelin*, homme maladroit. Les musiciens savent qu'un « fifre » est une petite flûte traversière ou la personne qui en joue ; mais traiter quelqu'un de **« sous-fifre »** n'évoque pas ses talents musicaux mais son insignifiance et le mépris que l'on a pour sa position subalterne. Bref, cette insulte, ce n'est pas vraiment du pipeau...

- **Quelques notes de plus sur la portée :** *petit con, petite merde, minus, nullard, zéro.*
- **En restant poli :** *exécutant.*
- **Avec classe :** *habitant d'en bas.*

Dard...

22 Octobre

Du francique *daroth*, arme de jet. La virilité est un thème où la métaphore guerrière est souvent présente. À l'origine, le **« dard »** est une lance à pointe de fer, mais sa forme évocatrice a été vite assimilée par l'argot pour désigner le sexe masculin ; dès lors, on peut imaginer toutes sortes de scènes « piquantes »...

- **Pour les pacifistes :** *bite, engin, pine, queue, zob.*
- **En restant poli :** *sexe, membre viril.*
- **Avec classe :** *lance d'Éros.*

Cul…

Du latin *culus*, le fondement humain. Le **« cul »** est une partie de l'anatomie humaine qui produit une variété de sens marqués par le mécontentement et une trivialité sexuelle.

- **De l'usage du cul :** *faux-cul (hypocrite) ; lèche-cul (flatteur) ; tirer au cul (ne pas se fatiguer) ; avoir le feu au cul (appétit sexuel prononcé) ; l'avoir dans le cul (être trompé, perdant) ; pas de couilles au cul (manque de courage) ; le cul entre deux chaises (dilemme) ; péter plus haut que son cul (être prétentieux).*
- **En restant poli :** *fesses, postérieur.*
- **Avec classe :** *fondement de l'humanité, séant.*

Zigouigoui…

Variante de « zizi », nom d'un oiseau (petit passereau), de formation onomatopéique d'après son cri. On sait que dans le langage enfantin, plein de poésie, le sexe est un petit oiseau (qui prendra plus tard son envol !) ; le **« zigouigoui »**, tombé aujourd'hui en désuétude, était en quelque sorte une forme adulte que l'on pouvait utiliser pour congédier un importun en lui disant **« occupe-toi de ton zigouigoui ! »**, autre manière de dire « occupe-toi de ton cul ! ».

- **Plus contemporain :** *bite, con, pine, trou.*
- **En restant poli :** *parties génitales.*
- **Avec classe :** *bienfaiteurs de l'humanité.*

Vomissure...

Dérivé du verbe latin *vomere*, vomir. Production incontrôlée de l'estomac, la **« vomissure »** n'évoque jamais les senteurs fraîches d'une rosée du matin ; c'est pourquoi employer **« vomissure »** comme insulte envers quelqu'un lui fait bien « sentir » le rejet écœuré que l'on éprouve.

- **Si vous avez l'estomac bien accroché :** *chancre mou, dégueulis, grosse fiente, pourriture.*
- **En restant poli :** *dégoûtant, pauvre type.*
- **Avec classe :** *odeur rendue.*

Faisan…

Du grec *phasianos*, oiseau du Phase, fleuve de la Colchide (actuelle Géorgie). Pourquoi ce bel oiseau de l'ordre des gallinacés, à la chair si appréciée, peut-il devenir une insulte pour désigner un individu malhonnête, spécialisé dans les affaires louches ? Il est probable que la proximité phonétique du verbe « faisander » (technique culinaire qui consiste à laisser le gibier se décomposer légèrement) et du terme « faiseur » qui désigne un vantard peu scrupuleux, ont leur part de responsabilité… pour rendre le **« faisan »** synonyme de malfaisant…

- **Si on ne veut pas chasser le faisan :** *filou, fripouille, ordure, pourri.*
- **En restant poli :** *aigrefin, escroc.*
- **Avec classe :** *oiseau de mauvais augure.*

Enfoiré…

Du latin *foria*, excrément. Coluche a donné à **« enfoiré »** un sens positif pour désigner une personne qui fait preuve de solidarité avec les plus démunis. Cependant, le terme continue sa carrière d'insulte : **« espèce d'enfoiré »**, **« sale enfoiré »** demeurent des amabilités pour exprimer un mécontentement face à une personne qui abuse d'une situation à son avantage en trompant quelqu'un.

- **Pour laisser « enfoiré » à Coluche :** *enculé, enflure, margoulin.*
- **En restant poli :** *arnaqueur.*
- **Avec classe :** *trader d'humanité.*

Sagouin…

25 Octobre

Du portugais *sagui*. Ce terme désigne d'abord un petit singe d'Amérique du Sud, connu aussi sous le nom de ouistiti. « **Espèce de sagouin** » est une insulte destinée à caractériser une personne qui agit n'importe comment, travaille salement ; la comparaison avec le singe étant évidemment destinée à suggérer à son destinataire sa régression dans l'échelle des espèces animales.

- **Si vous ne pouvez pas passer au zoo :** *crado, dégueulasse, saligaud.*
- **En restant poli :** *cochon, malpropre.*
- **Avec classe :** *homo sans Omo.*

Chtouille...

Altération de « jetouille », dérivé du verbe latin *jactare*, jeter. Sortir couvert, ce principe de précaution est souvent rappelé, car les risques sont multiples si on l'ignore : par exemple, celui d'avoir la **« chtouille »**, autrement dit une maladie vénérienne connue sous le nom de blennorragie ou syphilis. Ouille, ouille, ouille…

- **Pour les romantiques :** *chaude-pisse.*
- **En restant poli :** *M.S.T.*
- **Avec classe :** *maladie d'amour.*

Blonde…

Probablement d'origine germanique, *blund*. On connaît l'expression affectueuse pour désigner les petits enfants, **« nos chères têtes blondes »** ; en revanche, on ignore pourquoi se faire traiter de **« blonde »** est devenu depuis quelques années synonyme de bêtise et d'ignorance. Des actrices de cinéma au physique avantageux portant cette couleur, souvent artificielle, mais au raisonnement très aléatoire, est une piste à explorer.

- **Sans passer par un salon de coiffure :** *cruche, gourdasse, pétasse.*
- **En restant poli :** *ravissante idiote.*
- **Avec classe :** *vous pouvez répéter la question…*

Roulure...

Dérivé du verbe « rouler » de l'ancien français *ruele*, petite roue. On connaît l'expression familière **« avoir roulé sa bosse »**, synonyme d'avoir beaucoup voyagé et fait des expériences ; sans doute par métaphore, la **« roulure »** est d'abord une femme qui a beaucoup voyagé sexuellement, autrement dit une prostituée. Dès lors, traiter quelqu'un de **« roulure »** est une injure agressive pour lui exprimer son mépris.

- **Pour les amateurs d'ancien :** *coquine, drôlesse, ribaude.*
- **En restant poli :** *femme de mauvaise vie.*
- **Avec classe :** *belle de nuit, belle de jour.*

Gerber...

27 Octobre

Dérivé de « gerbe », du francique *garba*. On sait qu'une « gerbe » peut être un beau spectacle, une gerbe d'étincelles, une gerbe de fleurs, une gerbe d'écume, mais la nature humaine peut aussi produire des gerbes moins attendues, effets d'un reflux gastrique, autrement dit du vomi ; dès lors, **« gerber »** prend un sens que les sens (la vue, l'odorat, le goût) n'apprécient guère. Dire de quelqu'un **« il me fait gerber »** a un sens qu'il n'est donc pas utile de « rendre » ici !

- **En se pinçant le nez et en fermant les yeux :** *dégobiller, dégueuler.*
- **En restant poli :** *rendre, vomir.*
- **Avec classe :** *enregistrer un aller-retour ; rendre à César (plus classique).*

Fripouille...

6 Mars

Provient de l'ancien français *frepe*, guenille. Si l'habit ne fait pas le moine, ici l'origine de **« fripouille »** suggère qu'une mauvaise tenue vestimentaire est l'indice d'une mauvaise moralité ; ainsi traiter quelqu'un de **« fripouille »**, c'est dénoncer son attitude, ses manœuvres douteuses. Cette insulte est bien vivante dans le milieu des affaires.

- **Pour ceux qui aiment les mots commençant par « c » :** *canaille, corrompu, crapule.*
- **En restant poli :** *escroc, malfaisant.*
- **Avec classe :** *loup pour l'homme.*

Paltoquet…

Dérivé de « paltoke », paletot, jaquette de paysan. Ce terme désuet rappelle que l'adage « l'habit ne fait pas le moine » est à considérer avec circonspection, car traiter quelqu'un de **« paltoquet »**, c'est lui exprimer son dédain pour son comportement grossier en suggérant que son origine sociale, considérée comme inférieure, explique sans doute son manque de savoir-vivre. Manière de tailler un « costume pour l'hiver »…

- **Si vous n'êtes pas spécialiste de l'habillement :** *blaireau, beauf, bouffi, gros connard, petite merde, mariolle, patate.*
- **En restant poli :** *prétentieux, rustre.*
- **Avec classe :** *ours mal léché.*

Ordure…

Du latin *horridus*, sale. À l'heure du développement durable, le traitement des déchets est une préoccupation contemporaine majeure ; de ce point de vue, l'insulte **« ordure »** pour exprimer son mépris à une personne est dans une grande précision et sera bien comprise à défaut d'être appréciée. On notera la variante rurale aussi très efficace : « espèce de fumier ».

- **Pour les esthètes :** *une belle ordure.*
- **En restant poli :** *goujat, malfaisant.*
- **Avec classe :** *borborygme de l'humanité.*

Nœud…

Du latin *nodus*. Ce nœud n'a rien à voir avec celui des lacets ; il fait allusion à l'extrémité de la verge que les poètes appellent gland ou **« nœud »** ; ainsi traiter quelqu'un de **« tête de nœud »** n'est pas constater une curiosité anatomique, mais le comparer à un gland, autrement dit le considérer comme un être buté ou stupide.

- **Si vous vous sentez « noué » :** *âne bâté, boulet, mur ; branquignol, couillon, manche.*
- **En restant poli :** *bête, entêté ; demeuré, lourd.*
- **Avec classe :** *tête de bois ; esprit en jachère.*

Fada...

Du provençal *fadas*, sot, niais. L'étymologie fait aussi allusion à *fada*, *fata*, la fée, cette femme dotée de pouvoirs merveilleux qui jette des sorts. Ici, elle n'est pas dans un bon jour, car il s'agit d'un mauvais sort : en effet, dire de quelqu'un qu'il est **« fada »** c'est souligner qu'il a un grain (plus ou moins gros) de folie !

- **Autres mauvais sorts :** *barjo, cinglé, fêlé, pet au casque.*
- **En restant poli :** *dérangé, fou.*
- **Avec classe :** *raison en dérangement.*

Entuber…

Ce terme est construit à partir du latin *tuba*, tube. Variante technologique « d'enculer », le verbe **« entuber »** produit une expression grossière, **« se faire entuber »**, assez proche de « se faire enculer », et souligne toute l'amertume d'une situation d'où l'on sort perdant. L'allusion sexuelle est censée renforcer le constat.

- **Si vous n'aimez pas la plomberie :** *baiser, enculer, empapaouter.*
- **En restant poli :** *induire en erreur, tromper.*
- **Avec classe :** *leurrer, forer la naïveté.*

Lard...

3
Mars

Du latin *lardum*. « Dans le cochon tout est bon » dit le dicton populaire ; ainsi, sa graisse, autrement dit son **« lard »**, lui donne à la fois sa saveur et permet d'alimenter des insultes : **« gros lard »** sera employé pour se moquer sans pitié d'une personne un peu trop enrobée, et **« tête de lard »** pour souligner un comportement entêté.

- **En restant avec nos amis les bêtes :** *baleine, grosse loche, grosse vache, thon ; cervelle de poule, âne bâté.*
- **En restant poli :** *corpulent, empâté ; entêté, obtus.*
- **Avec classe :** *personne en surcharge pondérale ; caractère à mobilité réduite.*

Judas…

Ce personnage biblique trahit Jésus et le livra aux Romains. On comprend aisément que se faire traiter de **« Judas »**, dans notre civilisation judéo-chrétienne, revient à être considéré comme un traître de premier ordre ; c'est pourquoi dire **« sale Judas »** ne renforce pas davantage, mais peut soulager.

- **Pour ceux qui souhaitent laisser la religion en dehors :** *enflure, faux cul, ordure.*
- **En restant poli :** *félon, hypocrite, traître.*
- **Avec classe :** *apôtre de la fourberie.*

Gâteux...

Construit à partir de gâter, du verbe latin *vastare*, dévaster. Autrefois en usage dans les hôpitaux, ce terme était employé à propos d'une personne dont les fonctions physiques et intellectuelles étaient altérées par l'âge. Aujourd'hui, traiter de **« gâteux »** un individu, c'est surtout lui signaler sa bêtise et son manque de lucidité.

Autres choix : *baderne, débris, gaga, loque, ruine.*

En restant poli : *idiot, sénile.*

Avec classe : *fin de partie.*

Frustré...

Construit à partir du verbe latin *frustare*, frustrer. Nos souhaits et nos désirs restent parfois dans la file d'attente et il faut alors faire preuve de patience, voire de résignation. Ainsi, l'insulte **« frustré »** ou **« espèce de frustré »** vise à rabaisser son destinataire en lui signifiant à quel point sa manière d'être est le reflet d'un manque qui le rend misérable. Cette insulte sert beaucoup dans le domaine sexuel.

- **Pour les psychologues qui cherchent des variantes pour exprimer le blocage :** *coincé, constipé.*
- **En restant poli :** *timide, inhibé.*
- **Avec classe :** *perdant à plein temps.*

Nabot...

Altération de « nain-bot », construit à partir du latin *nanus*, nain, et du germanique *butta*, émoussé. Traiter quelqu'un de **« nabot »** n'est évidemment pas une insulte qui permet de prendre de la hauteur, puisqu'il s'agit au contraire de marquer par le mépris la petitesse du comportement d'une personne.

- **D'autres formules qui ne grandissent pas non plus :** *avorton, demi-portion, petite bite, résidu de fausse couche.*
- **En restant poli :** *misérable, nain.*
- **Avec classe :** *nano-maître.*

Mou...

Du latin *mollis*. Dans notre monde de dureté, le **« mou »** est plutôt mal considéré et équivaut à un signe de faiblesse. Mais paradoxalement, dans le monde de l'insulte, on peut « durcir » son emploi : traiter quelqu'un de **« mou du genou »**, c'est souligner sa lenteur à agir ; lui dire qu'il est **« mou de la bite »**, c'est à peu près la même chose, mais avec une remise en cause de sa virilité, rarement appréciée ; dès lors, le ton de l'échange risque de durcir.

- **Sans se bourrer le mou :** *cossard, feignasse, glandouilleur, impuissant, manche.*
- **En restant poli :** *apathique, lambin, traînard.*
- **Avec classe :** *urgentiste de l'attente.*

Galeux...

29 Février

Dérivé du latin *galla*, gale. Certaines maladies de la peau ne sont pas belles à voir, c'est le cas de la « gale », dermatose contagieuse et prurigineuse. Dès lors, qualifier quelqu'un de **« galeux »**, indique une distance méprisante teintée d'écœurement lié à un comportement passé, et la volonté de le mettre à l'écart d'un groupe.

- **Si vous avez l'âme d'un berger :** *brebis galeuse.*
- **En restant poli :** *crapule, indésirable.*
- **Avec classe :** *persona non grata.*

Fuck...

Voici un petit détour chez nos amis Anglais où gros mots et insultes fleurissent également. **« Fuck »** est sans doute l'une des insultes sexuelles les plus courantes puisqu'elle équivaut à notre national « se faire baiser, enculer ». **« Fuck »** permet de montrer son bilinguisme en y ajoutant une pointe d'exotisme qui vient rompre la monotonie de l'insulte traditionnelle.

- **Pour les amoureux de la langue de Molière :** *emmancher, empaffer, empétarder, endauffer, englander, fourailler, tringler.*
- **En restant poli :** *coïter, sodomiser.*
- **Avec classe :** *dialoguer sur les fondements.*

Olibrius...

D'« Olybrius », nom d'un empereur romain d'Occident au pouvoir en 472. Voilà une belle occasion d'allier insulte et culture, en faisant référence à cet **« Olibrius »** dont l'histoire a surtout retenu l'incompétence, la sottise, la prétention et l'incohérence notoire : c'est beaucoup, mais c'était un empereur ! En cherchant bien autour de soi, on trouve aisément des descendants de ce personnage.

- **Si vous n'êtes pas féru d'Histoire romaine :** *abruti, crétin, débile, déjanté, grosse tâche, siphonné.*
- **En restant poli :** *fanfaron, matamore.*
- **Avec classe :** *seigneur de la fatuité.*

Nullard...

4
Novembre

Dérivé du latin *nullus*, nul. On sait que le suffixe « ard » est péjoratif et n'annonce rien de bon ; cela se confirme avec **« nullard »**, insulte à double détente en quelque sorte puisque « nul » signifie « rien ». Pour se consoler, le **« nullard »** pourra se convaincre qu'il a une belle marge de progression.

- **Trois fois rien :** *abruti, boulet, taré.*
- **En restant poli :** *incompétent.*
- **Avec classe :** *il y a quelqu'un ?*

Emmerdement...

27 Février

Construit à partir du verbe « emmerder » du latin *merda*, excrément, fiente. Soulagement quand il s'agit d'un besoin physiologique satisfait, la présence de la matière fécale sitôt sortie devient synonyme d'ennuis importants, de grandes contrariétés. Les pessimistes souligneront d'ailleurs qu'on emploie le plus souvent le terme au pluriel : des « **emmerdements** » !

- **Pour les fans d'Aznavour, sa chanson :** *Mes emmerdes.*
- **En restant poli :** *ennui, problème, os.*
- **Avec classe :** *besoin importun.*

Dingue…

Origine incertaine, peut-être de la « **dingue** », le paludisme en argot à la fin du XIXe siècle ; cette maladie donne des accès de fièvre très violents qui peuvent faire perdre la tête. Traiter de « **dingue** » exprime donc un diagnostic de folie qui permet d'expliquer un comportement et/ou de le condamner.

- **Un peu, beaucoup, à la folie :** *débile, fêlé, frappé, taré.*
- **En restant poli :** *aliéné, fou.*
- **Avec classe :** *agité du bocal.*

Palsambleu...

Euphémisme employé à la place du juron « par le sang de Dieu ». Voilà un juron agréablement désuet qui nous renvoie au XVIIe siècle où il était plus prudent de jurer en ayant recours à des substituts « bleu » remplaçant le mot sacré Dieu. Les amateurs de couleur retiendront de cette période bleue d'autres jurons comme « morbleu, ventrebleu, sacrebleu ».

- **Autres temps, autres jurons :** *bordel de nom de Dieu, merde, putain.*
- **En restant poli :** *diantre, zut.*
- **Avec classe :** *nom de Zeus !*

Ostrogoth...

Du latin *ostrogothi*, désignant une peuplade de l'Est (« ost ») de la Germanie ancienne, les Goths. Le déclin de l'Empire romain fut marqué par les fameuses invasions barbares. Ainsi les Goths de l'Ouest (les Wisigoths) occupèrent l'Aquitaine et l'Espagne, tandis que les Goths de l'Est s'implantaient en Italie. Envahisseurs, leurs manières tranchaient avec les raffinements romains : ainsi **« ostrogoth »** devint vite synonyme de « malappris, rustre, sauvage ». On notera qu'une autre peuplade, les Vandales, descendus dans le sud de l'Espagne (Andalousie) et l'Afrique du Nord, a laissé son nom à un comportement destructeur.

- **Plus près de nous :** *connard, enflure, sagouin, salopard, vérole.*
- **En restant poli :** *canaille, rustre.*
- **Avec classe :** *fossoyeur d'empire.*

Face de…

Du latin *facies*, visage. Ne pas perdre la face est important dans notre société du paraître, mais attention à ce que celle-ci ne se retourne pas contre vous ; en effet, **« face de »** permet à l'imagination de produire un grand nombre d'insultes et d'injures variées.

- **Quelques faces en pleine lumière :** *face d'abruti, face de bite, face de con, face de nœud, face d'œuf, face de rat.*
- **En restant poli :** *oh, c'est à vous ce joli minois…*
- **Avec classe :** *faces de Janus.*

Escroc...

Emprunté à l'italien *scrocco*, écornifleur. Aristote disait que l'homme n'est ni tout à fait bon, ni tout à fait méchant, soit ! Mais si vous traitez quelqu'un d'**« escroc »**, cela signifie que vous le trouvez tout à fait malhonnête dans une affaire qui vous concerne. Et que votre tolérance philosophique a des limites !

- **Si vous êtes un philosophe pragmatique :** *faisan, fumier, petit salopard, saloperie d'ordure.*
- **En restant poli :** *bandit, voleur.*
- **Avec classe :** *écumeur d'humanité.*

Quéquette…

Probablement abrègement de « bistoquette » du verbe *biscoter*, faire l'amour. Mais chaque chose en son temps, car la **« quéquette »** désigne le pénis d'un très jeune garçcn. Ce gros mot enfantin s'inscrit dans une recherche langagière des enfants, toujours actifs et partants pour trouver les mots du sexe. En exclamation, **« quéquette ! »** équivaut à « rien du tout ».

- **Variantes en « ette » :** *bistouquette, zigounette.*
- **En restant poli :** *pénis.*
- **Avec classe :** *avenir de l'homme.*

Pute...

Rendons à **« pute »** ce qui appartient à **« pute »** : c'est ce terme de l'ancien français *put*, mauvais, vil (du latin *putidus*, puant) qui a donné « putain ». Désignant à l'origine une prostituée, **« pute »** est une injure forte pour exprimer son ressentiment à l'égard de quelqu'un. En donnant de l'âge, on pourra utilement renforcer le propos : **« vieille pute »**.

- **Une attention pour la descendance :** *fils de pute.*
- **En restant poli :** *engeance.*
- **Avec classe :** *madone de sleeping.*

Chiffe…

De l'ancien français *chipe*, chiffon, emprunté à l'anglais *chip*, petit morceau. Vieux linge ou morceau d'étoffe de mauvaise qualité, la **« chiffe »** est plus connue par sa variante « chiffon ». C'est sans doute son aspect défraîchi et relâché qui vaut à la **« chiffe »** d'être une insulte dans l'expression **« quelle chiffe molle ! »** désignant une personne sans énergie (physique ou morale).

- **Si vous n'êtes pas chiffons :** *cossard, glandu, lavette, mou du genou.*
- **En restant poli :** *mou, nonchalant.*
- **Avec classe :** *lymphatique fatigué.*

Boucher…

Dérivé du gallo-roman *buccus*, bouc. Autrefois, c'était celui qui tuait le bouc, puis toutes sortes de bétail… Mais dès le XVIIe siècle, La Fontaine rappelle dans sa fable *Le Cheval et le Loup* qu'un mauvais chirurgien peut être un **« boucher »**. Aujourd'hui, l'expression **« c'est un vrai boucher ! »** peut être moins sanglante et désigner une personne qui a « massacré un travail ». Petite consolation…

- **Pour les végétariens :** *salopiaud, sagouin.*
- **En restant poli :** *incompétent, maladroit.*
- **Avec classe :** *roi de l'étal.*

Gaga…

Dérivé de « gâteux », construit à partir de « gâter », du verbe latin *vastare*, dévaster. Variante de « gâteux », le doublement de la syllabe « ga » accentue l'effet de délabrement sous-entendu. Curieusement, **« gaga »** pourra traduire aussi bien un constat de dégénérescence, **« ce pauvre type est complètement gaga »** ou l'expression d'un amour fou : **« il est gaga de cette fille ! »**. Preuve qu'être amoureux ou malade, ça finit toujours par un lit !

- **Si vous n'êtes pas le docteur Knock, ni Lady :** *abruti, dingue, givré, à la masse, taré.*
- **En restant poli :** *dément, fou.*
- **Avec classe :** *vagabond du cortex.*

Con...

Du latin *cunnus*, le sexe de la femme. Ce terme est le champion toutes catégories : gros mot, insulte, juron et injure, il est utilisé en toutes circonstances pour exprimer désarroi, désapprobation, jugement négatif, exaspération. **« Petit con, grand con, jeune con, vieux con, pauvre con, roi des cons »**, on peut aussi l'employer à volonté dans la comparaison, **« con comme… »**.

- **Dans la famille « con » :** *connard, connasse, conneau, con-con.*
- **En restant poli :** *idiot, imbécile.*
- **Avec classe :** *retournez d'où vous venez.*

Bâtard...

Son origine incertaine, soit du germanique *bansti*, grange, né dans une grange, ou de *bât*, conçu sur le bât, fait déjà peser un lourd préjugé sur ce terme ; désignant d'abord un enfant dont les parents ne sont pas mariés, ce terme est souvent employé comme injure de base pour dénoncer un sans-gêne ou exprimer un mépris...

- **Les jours d'inspiration :** *bâtard de ta mère, maudit bâtard, chien de bâtard.*
- **En restant poli :** *pauvre type ; fils indigne.*
- **Avec classe :** *misérable anonyme...*

Fumier...

Du latin odorant *femus*, boue, fange, ordure. Si cette insulte sent bon le terroir, en évoquant l'état de décomposition des litières animales, elle s'épanouit aussi bien en milieu urbain et traduit une colère liée à un comportement jugé inadmissible.

- **Pour ceux qui préfèrent une insulte graduée :** *espèce de fumier, petit fumier, vieux fumier, sale fumier, beau fumier.*
- **En restant poli :** *personne sans principe, amorale.*
- **Avec classe :** *engeance, graine de gibet, paltoquet.*

Racaille...

Du latin *rasicare*, gratter, racler. Un temps passé de mode, l'insulte **« racaille »** a retrouvé une certaine vigueur ces dernières années : adressée à un individu ou à un collectif, elle exprime un fort mépris et de la défiance.

- **Pour les adeptes du verlan :** *caillera.*
- **En restant poli :** *petite frappe, escroc, voyou.*
- **Avec classe :** *HLM (Homme Limite Mauvais).*

Cloporte...

L'origine de ce petit animal de la famille des aptères n'est pas connue (peut-être un jeu de mot avec « clore » et « porte »). En revanche, on sait où le trouver, sous les pierres, dans les lieux humides et obscurs. On comprend alors qu'être assimilé à un **« cloporte »** ne relève pas de l'éloge, mais exprime plutôt un vif mépris pour un individu considéré comme répugnant ou servile.

- **Chez les insectes :** *pou, vermine.*
- **En restant poli :** *engeance.*
- **Avec classe :** *héros kafkaïen.*

Biroute…

Si l'origine de **« biroute »** est inconnue, on situe son « apparition » au moment de la Première Guerre mondiale où elle désigne en argot militaire une manche à air et sans doute par analogie le sexe masculin. Cette **« biroute »** -là ne craint pas les courants d'air !

- **Pour ceux qui souhaitent rester couverts :** *bite, engin, pine, zob.*
- **En restant poli :** *pénis, verge.*
- **Avec classe :** *manche d'aviateur.*

Queutard…

Dérivé du latin *cauda*, queue. Dans le florilège de termes qui désignent le membre viril, la « queue » fait son apparition, si l'on ose dire, dès le XVIe siècle, tandis que le **« queutard »**, terme relativement récent, évoque cependant un penchant très ancien : celui de rechercher par tous les moyens des rapports sexuels avec des femmes. Dire d'un homme **« c'est un queutard »** suggère donc une espèce de bestialité, qui peut correspondre tantôt à un mépris écœuré, tantôt à une envie face à une libido débridée.

- **Pour éviter de faire la queue :** *baiseur, chaud de la pince, fouteur, tringleur, troncheur.*
- **En restant poli :** *érotomane.*
- **Avec classe :** *Casanova.*

Fantoche…

De l'italien *fantoccio*, marionnette. On cherche toujours à savoir qui tire les ficelles : dès lors, dire de quelqu'un que c'est un **« fantoche »**, c'est préciser qu'on le prend pour un être sans réel pouvoir, sans grande envergure, et manipulé comme une marionnette.

- **Pour ceux qui ont gardé une âme enfantine :** *guignol, polichinelle.*
- **En restant poli :** *homme de paille, pantin.*
- **Avec classe :** *vrai faux-semblant.*

Roustons…

Dérivé du languedocien *roustoun*. Les esprits perspicaces auront bien sûr remarqué qu'un grand nombre de termes désignant les parties génitales masculines de l'homme sont féminins : on notera que les **« roustons »** et les testicules font exception à la règle, sans doute histoire de faire genre…

- **Parties féminines :** *burettes, burnes, couilles, roubignoles, olives, précieuses.*
- **En restant poli :** *gonades mâles.*
- **Avec classe :** *réservoir de l'humanité.*

Faux derche…

Construit avec « faux », du latin *falsus*, trompé et « derche », terme argotique dérivé de « der », abréviation de « derrière ». La présence de « faux » doit toujours inciter à la plus grande prudence ; en effet, variante parisienne du « faux cul », le **« faux derche »** n'en reste pas moins un hypocrite dont il faut se méfier, surtout lorsqu'il vous parle avec la bouche « en cul de poule » !

- **Sans détour :** *canaille, enculé, enflure, enfoiré, gougnafier magouilleur, ripou.*
- **En restant poli :** *hypocrite, menteur, tartuffe.*
- **Avec classe :** *âme de Brutus.*

Shit...

15 Novembre

Mot anglais signifiant « merde ». À l'heure de la mondialisation, les jurons subissent également la forte concurrence anglo-saxonne : ainsi, notre vénérable « merde », utile en toutes circonstances, se retrouve parfois supplanté par son équivalent anglais **« *shit* »**. Merde alors !

- **Made in France :** *crotte, flûte, mince, putain.*
- **En restant poli :** *zut.*
- **Avec classe :** *Messieurs les Anglais, tirez les premiers.*

Enfariné...

Du verbe « enfariner » construit avec « en » et le latin *farina*, blé. Autrefois au théâtre, les personnages de naïfs ou de sots étaient signalés par un visage recouvert d'une poudre blanche comme de la farine : ils étaient **« enfarinés »**. Cette pratique a disparu, mais l'on peut toujours dire de quelqu'un qui prétend savoir ou faire qu'il a **« la gueule enfarinée »**, manière de montrer qu'on n'est pas dupe de sa prétention.

- **Autres matières à maquillage :** *merdeux, péteux.*
- **En restant poli :** *jobard, niais.*
- **Avec classe :** *poudré de vanité.*

Trou...

Du latin *traucum*. Le corps humain est riche en cavités anatomiques : gros mot, le **« trou »** peut désigner l'anus et le sexe féminin ; il peut aussi avoir un usage injurieux pour exprimer une distance vis-à-vis d'un comportement prétentieux comme dans l'expression **« trou du cul »**.

- **Parcours à 6 trous :** *bol, fion ; con, chatte ; chochotte, petit merdeux.*
- **En restant poli :** *anus, vagin ; prétentieux, vantard.*
- **Avec classe :** *fondement de l'humanité ; alpiniste de la Beauce.*

Froussard...

Dérivé du provençal *frous*, bruit strident. La peur n'évite pas le danger, mais cette émotion ne se commande pas : les courageux, les vrais, les durs, ont alors beau jeu de traiter avec une pointe méprisante de **« froussard »** une personne qui manque de sang-froid face à une situation imprévue ou difficile.

- **Pour le clan des courageux :** *dégonflé, pétochard, poule mouillée, trouillard.*
- **En restant poli :** *peureux, poltron.*
- **Avec classe :** *couard, partisan du parapluie.*

Zéro...

17 Novembre

De l'italien *zefir*, traduit de l'arabe *sifr*, vide. Ce nombre représente l'absence, un ensemble vide, on comprend donc aisément l'insulte qu'il représente lorsqu'on qualifie quelqu'un de **« vous êtes un zéro »**. Les amoureux des mathématiques aiment les variantes intensives **« double zéro, triple zéro »**, ce qui en définitive ne change rien, cela fait toujours **« zéro »** !

- **Après les chiffres, les lettres :** *crétin, puits sans fond, nullissime, tâche.*
- **En restant poli :** *incompétent, nullité.*
- **Avec classe :** *plomb sans cervelle.*

Voyou…

Dérivé du latin *via*, voie. Les âmes généreuses emploient ce terme dans des expressions à connotations affectueuses (**« petit voyou »**, **« gros voyou »**, **« grand voyou »**), mais ne nous y trompons pas, **« sale petit voyou »** garde toute sa férocité pour condamner un comportement jugé délictueux ou contraire à la morale.

- **D'un autre siècle :** *blouson noir, loubard.*
- **En restant poli :** *chenapan, effronté, vaurien.*
- **Avec classe :** *fileur de mauvais coton.*

Gougnafier...

Ce terme apparaît mystérieusement à la fin du XIXe siècle sans fournir d'indication sur son origine. On peut envisager une création à partir de « gougnafiasse », paillard, goinfre, dérivé de *gougne*, prostituée ou homosexuelle. Aujourd'hui, le terme s'est éloigné de son origine sexuelle pour désigner surtout « un bon à rien », souvent doublé d'un vantard. Les optimistes rétorqueront qu'il vaut mieux être un bon à rien qu'un mauvais à tout !

- **Plus classique :** *branleur, petite bite, enculeur de mouches.*
- **En restant poli :** *fainéant, goujat.*
- **Avec classe :** *chercheur de vents.*

Souillon...

Dérivé du verbe « souiller », du latin *solium*, baquet. Avant le confort domestique moderne, la **« souillon »** était une domestique chargée de faire la vaisselle et les gros travaux salissants : on imagine aisément qu'un tel travail n'incitait pas à la coquetterie… même si certains avancent que les tâches ménagères ne sont pas sans noblesse. Aujourd'hui, traiter une femme de **« souillon »**, c'est lui faire remarquer (sans élégance !) qu'on la trouve malpropre et repoussante.

- **Pour un défilé :** *boudin, grognasse, goton, pouffiasse, salope, truie.*
- **En restant poli :** *femme négligée.*
- **Avec classe :** *déesse sans fard.*

Has been…

19 Novembre

De l'anglais *has been*, qui a été. Cette insulte provient de la société médiatique où l'art de l'insulte est l'occasion de montrer sa maîtrise des langues étrangères. Être traité de **« has been »** est la sentence fatidique qui signale que son heure (de gloire ?) est passée, et que l'on ne vaut guère plus qu'un mort-vivant.

- **Pour les amateurs de préhistoire :** *dinosaure, mammouth à poils laineux.*
- **En restant poli :** *démodé, dépassé.*
- **Avec classe :** *Hamlet errant.*

Ringard...

Si l'origine de **« ringard »** demeure incertaine (à ne pas confondre avec le ringard, sorte de tisonnier), en revanche, traiter quelqu'un ou quelque chose de **« ringard »** désigne sans ambiguïté son caractère médiocre et démodé. Son usage, d'abord réservé au monde artistique, s'est largement démocratisé et traduit une certaine condescendance de la part de son auteur.

- **En anglais :** *has been.*
- **En restant poli :** *démodé, pas à la page.*
- **Avec classe :** *avoir été.*

Mauviette...

Du latin *mauvis*, alouette. Ce terme est employé quand ce petit oiseau est suffisamment gras pour servir d'ingrédient dans un pâté ; c'est donc sans doute plus sa petite taille qui lui vaut de devenir une insulte lorsqu'il est employé à l'adresse d'une personne : **« tu n'es qu'une mauviette »** pour lui signifier son aspect chétif, ou son manque de courage.

- **Plus terre à terre :** *avorton, demi-portion, minus ; péteux, trouillard.*
- **En restant poli :** *gringalet ; peureux.*
- **Avec classe :** *Rambo de solderie ; fils de Pan.*

Queue...

Du latin *coda, cauda*. Comme chacun sait, la **« queue »** est d'abord cet appendice plus ou moins long qui prolonge la colonne vertébrale de nombreux mammifères ; mais c'est aussi un gros mot pour désigner le membre viril. Sans doute une nostalgie de notre animalité primitive. Son emploi peut signaler une fierté ou une prétention quant à ses proportions.

- **En langage codé :** *corps caverneux.*
- **En restant poli :** *pénis.*
- **Avec classe :** *colonne personnelle.*

Chiure...

Dérivé du verbe latin *cacare*, chier. Même si la **« chiure »**, excrément d'insecte, de mouche, est minuscule, traiter de « petite chiure » une personne dont on désapprouve le comportement ne réduit pas l'effet de l'insulte, bien au contraire. Allez comprendre…

- **Avec petite :** *petite crotte, petite merde.*
- **En restant poli :** *misérable, pauvre type.*
- **Avec classe :** *expression fécale.*

Bouboule…

Construit à partir du latin *bulla*, bulle, boule. La répétition de la première syllabe « bou » amplifie la connotation de rondeur liée à la « boule ». **« Bouboule »** peut avoir un caractère affectueux, mais le plus souvent, c'est une légère insulte pour se moquer de la surcharge pondérale d'une personne.

- **Pour les affamés :** *gros lard, gros plein de soupe.*
- **En restant poli :** *enrobé, ventripotent.*
- **Avec classe :** *sphère adipeuse.*

Limace…

Du latin *limacea*. Ce mollusque gastéropode sans coquille, mou et visqueux, offre une vision peu ragoûtante, que l'on peut observer sans difficulté, car il se déplace avec une extrême lenteur ; dès lors, s'exclamer **« quelle limace ! »** à propos d'une personne, c'est souligner d'abord sa mollesse, sa lenteur, son manque d'efficacité ; ensuite, on aura compris qu'être comparé à un gastéropode ne peut être un compliment !

- **Si le visqueux vous répugne :** *chiffe molle, glandeur, mollasson, mou du genou.*
- **En restant poli :** *grand mou, nonchalant.*
- **Avec classe :** *deux de tension.*

Raclure…

Dérivé du verbe latin *radare*, racler, raser. La **« raclure »** est ce petit déchet obtenu par le raclement d'une parcelle de matière ; on mesure bien qu'être traité de **« raclure »**, donc de déchet, n'est guère aimable, même si le développement durable incite à la valorisation des déchets ! S'emploie pour sanctionner un écart contraire à la morale.

- **Un petit tour à la déchetterie :** *fumier, ordure, roulure, tas de merde.*
- **En restant poli :** *goujat, malpropre.*
- **Avec classe :** *scorie de l'évolution.*

Glandeur...

Construit à partir du verbe « glander », du latin *glans*, fruit du chêne. Attention, pas de méprise ! Le **« glandeur »** ne ramasse pas des glands sous des chênes vénérables, non, surtout pas ! Par définition, le **« glandeur »** ne fait rien, ne prend aucune initiative ; c'est un contemplatif dont la seule activité est peut-être de regarder son « gland ». Pour les amateurs de variétés, on notera que le « gland » est aussi un **« glandeur »**...

- **S'il n'y pas de chêne à proximité :** *branleur, cossard, flemmard.*
- **En restant poli :** *fainéant.*
- **Avec classe :** *adepte du « y'a qu'à, faut qu'on ».*

Roupettes...

8 Février

Probablement dérivé de l'ancien allemand *raupa*, chiffon, harde, loque. L'anatomie sexuelle est une source inépuisable de créations... Ainsi, les testicules fournissent une grande variété d'expressions : ici **« roupettes »**, terme familier, peut s'expliquer si l'on considère que des vêtements en lambeaux pendent, comme les parties génitales soumises à la loi de la pesanteur...

- **Autres parties :** *couilles, joyeuses, valseuses.*
- **En restant poli :** *testicules.*
- **Avec classe :** *système binaire.*

Étron…

Issu du francique *strunt*, matière fécale moulée, l'**« étron »** est « naturellement » utilisé dans l'insulte. **« Espèce d'étron puant »**, **« gueule d'étron »** sont de plaisantes périphrases pour dire à quelqu'un qu'il est considéré comme de la « merde ». On notera cependant que son emploi est moins fréquent que celui de la matière dont il est fait !

- **Si vous ne voulez pas faire dans la nuance :** *tas de merde.*
- **En restant poli :** *moins que rien, pauvre type.*
- **Avec classe :** *horreur colombine.*

Tronche…

Dérivé de « tronc », du latin *truncus*. Les hommes des bois savent que la **« tronche »** est une bille de bois courte et les gourmands que la **« tronche »** désignait une bûche de Noël au XIXe siècle. Quant aux neurasthéniques, tout le monde sait qu'ils font souvent la **« tronche »**, ce que les poètes traduisent par « faire la gueule ». On notera la variante plaisante et approximative **« faire une tronche (tranche) de cake »** jouant avec la proximité de « tranche » et la nature revêche bien connue du « cake » !

- **Pour s'en payer une bonne tranche :** *gueule, goule ; constipé, faire du boudin, tête de con.*
- **En restant poli :** *air contrit.*
- **Avec classe :** *tête de bois.*

Dégueulasse...

Du latin *gula*, gorge, gosier, qui a aussi donné « gueule » plutôt réservée aux animaux ; ainsi **« dégueulasse »** caractérise ce qui ne devrait pas passer par la « gueule ». **« C'est dégueulasse »** évoque donc une situation que l'on condamne pour son aspect extérieur ou moralement ; de même, **« il est dégueulasse »** peut marquer l'écœurement aux sens propre et figuré.

- **Si vous aimez l'excès :** *gros dégueulasse.*
- **En restant poli :** *dégoûtant, écœurant.*
- **Avec classe :** *immonde ; être infâme.*

Vérole...

Du latin *verolia*. La petite vérole est plus connue sous le nom de variole, et la grande vérole sous celui de syphilis ; deux maladies à fuir ! Ainsi l'injure **« espèce de vérole »** est un diagnostic sans ambiguïté sur un individu malsain dont les actions sont plus que douteuses et qu'il est prudent d'éviter !

- **Autres pathologies :** *choléra, peste, pourri, véreux.*
- **En restant poli :** *individu louche, malhonnête.*
- **Avec classe :** *agent pathogène.*

Chauffard…

26 Novembre

Dérivé du verbe latin *calefacere*, chauffer. Le « chauffeur », d'abord chargé de faire du feu dans une locomotive, est devenu par glissement et progrès technologique le conducteur automobile, puis par mauvaise conduite **« chauffard »**. C'est bien connu, l'automobiliste conduit parfaitement, ce sont donc les autres qui sont nuls ; dès lors rien n'interdit de sanctionner leur maladresse par un **« va donc, chauffard ! »**. On notera que dans le registre automobile, l'insulte **« chauffard »** subit la forte concurrence d'autres termes.

- **Pour la concurrence :** *connard, enfoiré, espèce d'enculé, fumier, pilote de mes deux, ta race.*
- **En restant poli :** *danger public, imbécile.*
- **Avec classe :** *engeance routière.*

Zonard…

Du grec *zônê*, ceinture. Cet espace urbain, souvent banlieue (en ceinture donc !) d'une grande ville, est le lieu où un individu peut se transformer en **« zonard »**, c'est-à-dire adopter une vie en marge des règles habituelles de la société ; qualifier de **« zonard »** traduit alors un mélange de condamnation et de mépris.

- **Mélange de générations :** *bouffon, quéqué (récents) ; Apache, traîne-savates (anciens).*
- **En restant poli :** *jeune des cités, voyou.*
- **Avec classe :** *potentiel de surprises urbaines.*

Chochotte...

Construit à partir de l'onomatopée *coco*, d'après le cri de la poule, qui a donné « cocotte ». **« Chochotte »** est une variante qui apparaît au début du XXe siècle avec le sens de jeune efféminé. Aujourd'hui, une **« chochotte »** est une personne maniérée, qui affiche un peu trop sa délicatesse et s'effraie de peu.

- **Pour rester dans la basse-cour :** *poule mouillée.*
- **En restant poli :** *délicat, émotif.*
- **Avec classe :** *cœur de guimauve.*

Bordel...

C'est le diminutif de l'ancien français *bord, borde*, petite maison de planches. À l'origine, le **« bordel »** désignait une petite habitation à l'écart où les prostituées recevaient ; mais par commodité, ce lieu s'est retrouvé au cœur des villes. L'ambiance parfois bruyante qui y régnait a servi pour en faire un gros mot : dire que la situation est un **« vrai bordel »**, c'est signaler un désordre, une absence de maîtrise. Les esthètes peuvent aussi en faire un juron pour suggérer une mauvaise surprise avec un **« bordel de merde »** !

- **Nos cousins québécois possèdent un exotique :** *« maudit cul de bordel ».*
- **En restant poli :** *chienlit, pagaille.*
- **Avec classe :** *désorganisation du système référentiel.*

Branquignol...

28 Novembre

Dérivé de « branque » dont l'origine est peut-être le piémontais *branci*, âne. Ce terme argotique, association de « branque » et de « guignol », est attesté dans l'argot des Poilus de 14-18 pour désigner les brancardiers. Aujourd'hui, on l'emploie pour caractériser un comportement aberrant, loufoque, ce qui est facilement observable dans notre société ; mais, curieusement, ce terme est tombé en désuétude. Étonnant, non ?

- **À mettre sur les brancards :** *croquignol, guignol, tartignol.*
- **En restant poli :** *dérangé, incohérent.*
- **Avec classe :** *marionnette sans fil.*

Pourceau…

Dérivé du latin *porcellus*, porcelet. Même si les trois petits cochons du conte véhiculent des images attendrissantes, un cochon reste un cochon ! C'est ce que rappelle l'insulte **« pourceau »**, soulignant un aspect malpropre ou une tendance à l'excès et à la débauche.

- **Pour les littéraires :** *pourceau d'Épicure.*
- **En restant poli :** *sale, débauché.*
- **Avec classe :** *locataire de porcherie.*

Cinglé...

Du latin *cingula*, ceinture. Dire de quelqu'un qu'il est **« cinglé »**, c'est faire le constat que sa raison est entourée par un brin de folie. Dire à quelqu'un **« vous êtes complètement cinglé »**, c'est l'insulter pour lui indiquer que vous n'êtes pas d'accord avec lui.

- **Si vous êtes docteur « ès folie » :** *agité du bocal, cintré, demeuré, frappadingue, piqué, taré.*
- **En restant poli :** *aliéné, débile mental, fou.*
- **Avec classe :** *intermittent de la raison.*

Rasoir...

Dérivé du verbe latin *radere*, tondre, raser la barbe. Si l'instrument qui rase les poils possède un tranchant d'une grande finesse, ce n'est pas le cas d'un individu **« rasoir »** qui se caractérise par sa conversation lourde, envahissante et sans intérêt. Plus généralement, on peut considérer comme « rasoir » tout discours qui coupe les poils et les cheveux en quatre !

- **Série en « ant » :** *barbant, chiant, emmerdant, gonflant.*
- **En restant poli :** *assommant, ennuyeux, fastidieux.*
- **Avec classe :** *Figaro de l'inutile.*

Débris...

30 Novembre

Formé avec « de » et un dérivé de « briser », du verbe latin *brisiare*, fouler le raisin. Pas de précipitation ! À l'heure du tri (pas sélectif, car un tri est par définition sélectif !), on peut parfaitement utiliser **« débris »**, donc un fragment d'une chose, pour fabriquer l'insulte **« vieux débris »** à l'adresse d'une personne dont on veut souligner le caractère vacillant et dépassé.

- **Valorisation des déchets :** *croulant, ringard, ruinasse.*
- **En restant poli :** *avec le temps va, tout s'en va.*
- **Avec classe :** *spécimen cacochyme.*

Ta race…

Composé de l'adjectif possessif « ta » et de « race », du latin *ratio*, caractère de ce qui appartient à la famille. L'insulte **« ta race »** s'inscrit parfaitement dans une époque du virtuel, du furtif, du zapping ; forme urbaine et contemporaine de l'insulte « espèce de sale race », elle traduit le préjugé tenace selon lequel, certaines familles, certains groupes humains, sont inférieurs à d'autres. On notera que les utilisateurs de cette insulte ignorent la plupart du temps le sens exact du mot **« race »**.

- **Si vous n'êtes pas anthropologue :** *charogne, connard, fils de pute, nase, vomissure.*
- **En restant poli :** *engeance, pauvre type.*
- **Avec classe :** *génération perdue.*

Fouteur…

Dérivé de « foutre », du latin *futuere*, avoir des rapports sexuels avec une femme. Pas d'ambiguïté, le **« fouteur »** est bien celui qui « fout » ; mais force est de constater que cet emploi a vieilli et a été remplacé avantageusement par « baiseur ». En revanche, le terme conserve encore une belle vitalité dans l'expression **« fouteur de merde »** désignant un individu prompt à créer du désordre et des querelles, bref un créateur de « merdier » !

- **Pour désigner l'ignoble individu :** *casse-couilles, connard, emmerdeur, enquiquineur, manche à merde, pignouf.*
- **En restant poli :** *boulet, gaffeur, scélérat.*
- **Avec classe :** *docteur ès bourdes.*

Puceau…

31 Janvier

Origine discutée : retenons un dérivé de « pucelle » du latin *pullicella*, diminutif de *pulla*, petit d'un animal. Ainsi, l'étymologie nous fait savoir que la « pucelle » a précédé le **« puceau »** ; quoi qu'il en soit, ce dernier est bien un garçon ou un homme vierge, mais cela ne nous regarde pas… Ainsi, sans information précise dans le domaine, on peut très bien traiter quelqu'un de « puceau » pour se moquer de son inexpérience, sexuelle ou autre.

- **En laissant le sexe de côté :** *ballot, benêt, empoté, godiche, gourde.*
- **En restant poli :** *innocent, niais.*
- **Avec classe :** *novice des parties.*

Gigolo...

Sans doute emprunté à l'anglais *giglet, giglot*, femme de mauvaise vie. Autrefois, le **« gigolo »** était l'amant de la « gigolette », synonyme de fille facile, prostituée. Aujourd'hui, le **« gigolo »** s'est en quelque sorte spécialisé pour désigner un jeune homme entretenu par une femme plus âgée. Mais d'hier à aujourd'hui, traiter quelqu'un de **« gigolo »** est une condamnation et montre qu'on ne plaisante pas avec les sentiments...

- **Autrement dit :** *mac, maquereau, souteneur.*
- **En restant poli :** *proxénète.*
- **Avec classe :** *imperfection au masculin.*

Sapajou…

D'origine tupi (Brésil). Le **« sapajou »** est un petit singe d'Amérique du Sud dont la face, entourée de poils dressés, apparaît peu esthétique. Notre parenté et nos éventuelles ressemblances avec les singes alimentent toutes sortes de moqueries et d'insultes. Se faire traiter de **« sapajou »**, c'est recevoir un jugement peu flatteur sur son apparence et/ou être rabaissé au rang animal.

- **Variante cousine :** *sagouin.*
- **En restant poli :** *hideux, laid.*
- **Avec classe :** *Quasimodo.*

Chieur…

Dérivé du verbe latin *cacare*, chier. Le **« chieur »** est un individu qui a la fâcheuse tendance à se juger indispensable et incontournable et qui possède un don certain à gâcher la vie des autres ; en termes moins choisis, il est capable sans trop d'effort de vous mettre dans la « merde » ; et comble, on notera que ce n'est pas la sienne, puisque c'est lui qui **« fait chier »** !

- **Pour rester dans les sanitaires :** *emmerdeur.*
- **En restant poli :** *casse-pieds, enquiquineur.*
- **Avec classe :** *comportement laxatif.*

Boudin...

Si l'origine du mot boudin est incertaine, peut-être l'onomatopée *bod*, enflure, la préparation à base de sang et de gras de porc cuite dans un boyau, elle, est bien connue et possède ses amateurs. En revanche, traiter une personne du sexe féminin de **« boudin »** pour souligner sa surcharge pondérale nous fait quitter le rayon de la charcuterie pour celui de l'insulte.

- **Pour les misogynes :** *cageot, bouboule, grosse vache, tas, thon.*
- **En restant poli :** *grosse, enveloppée, gironde...*
- **En restant classe :** *Vénus aux formes généreuses.*

Gugusse...

Du latin *augustus*, Auguste, titre donné à certains empereurs romains. Malgré cette origine impériale, l'insulte **« gugusse »** est plus récente et provient du nom que l'on donnait à un clown blanc, surnommé l'Auguste. Ce diminutif **« gugusse »** s'emploie donc pour stigmatiser le manque de crédibilité ou de sérieux.

- **Pour les nostalgiques du cirque :** *clown, charlot, guignol, numéro.*
- **En restant poli :** *amuseur, pitre.*
- **Avec classe :** *travailleur du chapiteau.*

Traînée...

Dérivé de « traîner », du verbe latin *traginare*, traire. Si la **« traînée »** est d'abord une trace laissée sur une surface, on retiendra que dans un contexte injurieux, elle peut aussi être une trace psychologique blessante : en effet, qualifier une femme de **« traînée »** équivaut à considérer qu'elle traîne avec les hommes comme une prostituée.

- **Pour ne pas rester à la traîne :** *pouffe, pute, salope, tapineuse.*
- **En restant poli :** *femme de mauvaise vie.*
- **Avec classe :** *péripatéticienne.*

Jaquette…

Dérivé de « Jacques », sobriquet donné aux paysans insurgés au milieu du XIVe siècle. Au Moyen Âge, les enfants et les paysans portaient une sorte de robe, la **« jaquette »**, descendant jusqu'aux genoux et serrée à la taille par une ceinture ; puis la robe est devenue un vêtement féminin et le langage argotique s'est emparé de la jaquette dans l'expression **« être de la jaquette flottante »** pour signaler un homosexuel : ici toute la force métaphorique de l'insulte repose sur l'adjectif « flottante », ouverture à l'imagination…

- **Si votre tailleur n'est pas riche :** *enculé, pédale, pédé, tantouze.*
- **En restant poli :** *homosexuel.*
- **Avec classe :** *l'habit ne fait pas le moine.*

Saucisse...

27 Janvier

Dérivé du latin *salsicius*, salé. On dit souvent que la forme nous informe, soit ! Si l'on observe une « saucisse », on distingue une préparation de charcuterie placée dans un boyau fermé aux deux bouts ; mais l'observation d'une saucisse n'est pas vraiment un spectacle, c'est pourquoi traiter quelqu'un de **« saucisse »**, c'est-à-dire le comparer à un vulgaire morceau de viande hachée, n'est pas un compliment. Cette insulte (salée donc !) fait souvent suite à un constat d'imbécillité...

- **Variante régionale :** *andouille.*
- **En restant poli :** *idiot, imbécile.*
- **Avec classe :** *fille de charcutier.*

Merde...

Du latin *merda*, matière fécale. Preuve irréfutable du génie humain qui, à partir d'excréments, est capable de fabriquer un juron pour exprimer déconvenue, douleur, insulte historique (Cambronne devant les Anglais, à Waterloo) ou qualifier quelqu'un ou quelque chose, **« c'est de la merde »**.

- **Version enfantine :** *caca boudin.*
- **En restant poli :** *aïe, flûte, ça ne vaut rien.*
- **Avec classe :** *plaît-il ? nous sommes dans les limbes, c'est complètement démonétisé.*

Traître...

26 Janvier

Du latin *traditor*, traître mais aussi maître, allez comprendre... Toujours est-il qu'il s'agit d'une injure majeure dénonçant une personne qui ne respecte pas sa parole, son engagement et agit avec perfidie. S'entendre **« traiter de traître »** est comme une double insulte puisque « traiter » est l'anagramme de **« traître »**.

- **Usage du faux :** *faux cul, faux derche, faux-jeton.*
- **En restant poli :** *fourbe, Judas.*
- **Avec classe :** *vrai faux-semblant.*

Lèche-cul...

Construit avec « lèche », gourmandise en argot, dérivé du francique *lekkon*, lécher, et « cul », du latin *culus*. Lécher, c'est passer la langue sur quelque chose ou sur un endroit, soit ! Mais dire à quelqu'un qu'il est un **« lèche-cul »** n'est pas constater un lèchement un peu particulier, c'est lui exprimer son mépris devant son attitude servile ou flatteuse. Il y a donc « lécher » et « lécher » !

- **Pour ceux qui préfèrent prendre leur pied :** *lèche-bottes.*
- **En restant poli :** *flagorneur, flatteur.*
- **Avec classe :** *lécheur de fond.*

Zinzin…

Ce terme provient de l'argot militaire : il s'agit d'une onomatopée pour évoquer le bruit d'une pièce d'artillerie. On imagine que se retrouver sur un champ de bataille n'est pas un lieu d'épanouissement et de sérénité et peut rendre fou ! Dire à quelqu'un qu'il est **« zinzin »**, c'est donc faire le triste constat qu'il n'entend plus raison ! Peut-être qu'il faut simplement lui « fiche la paix »…

- **À l'asile :** *abruti, dingo, toqué.*
- **En restant poli :** *dérangé, fou.*
- **Avec classe :** *état-major en dérangement.*

Garce…

Issu du francique *wrakjo*, valet, vagabond. Réservée d'abord aux prostituées, l'insulte **« garce »** est aujourd'hui utilisée d'une manière plus large pour se plaindre du comportement d'une femme. Selon l'intensité de la déconvenue à exprimer, il existe plusieurs formules : **« petite garce »**, **« grande garce »**, **« sale garce »**, **« belle garce »**, **« dernière des garces »**.

- **Les jours où l'inspiration fait défaut :** *putain, salope.*
- **En restant poli :** *allumeuse, mégère.*
- **Avec classe :** *Vénus de l'amertume.*

Chier...

24 Janvier

Du latin *cacare*, libérer le ventre des excréments qu'il contient. Outre cette fonction naturelle, ce verbe se retrouve dans de nombreuses expressions : ainsi **« ça me fait chier »** n'indique pas l'usage d'un laxatif mais un problème, une contrariété ; **« ça va chier »** suggère une colère ou une menace, tandis que **« nul à chier »** est un constat de médiocrité.

- **Pour rester dans la matière :** *merder.*
- **En restant poli :** *ennuyer, contrarier.*
- **Avec classe :** *mobiliser son fondement.*

Bouffi...

Il s'agit d'une onomatopée, *buff*, exprimant ce qui est gonflé. Dans notre société du paraître, les canons de la beauté font appel au mince, au fin, voire au maigre ; dès lors, le moindre excès de poids, le moindre renflement, équivaut à une esthétique condamnable ; c'est pourquoi traiter quelqu'un de **« bouffi »**, c'est lui rappeler de manière méprisante sa physionomie « hors normes »...

- **Pour les fines bouches :** *gros lard, gros plein de soupe.*
- **En restant poli :** *empâté, soufflé, Bibendum.*
- **Avec classe :** *pneumatique clermontois.*

Sucer…

23 Janvier

Du verbe latin *sugere*, construit sur *succus*, suc. Sucer son pouce, une tétine, une pastille, ne provoque pas de haussement de sourcils ; en revanche, le terme devient un gros mot à connotation sexuelle quand il s'agit de **« sucer quelqu'un »** (cunnilingus ou fellation) ; il est injurieux quand il est employé pour mettre fin brutalement à une querelle dans l'expression **« va te faire sucer ! »**.

- **Pour les amoureux des verbes du premier groupe :** *astiquer l'abricot, pomper, tailler une pipe ; dégager, ficher le camp.*
- **En restant poli :** *convoquer les parties génitales ; congédier.*
- **Avec classe :** *embrasser Éros ; délocaliser la conversation.*

Fêlé…

Dérivé du verbe latin *flagellare*, frapper. Il n'est pas souhaitable d'être **« fêlé »** : dans une publicité, un célèbre fabricant de pâtes alimentaires rappelle qu'il ne laissera aucune chance à un œuf **« fêlé »**. De la même manière, une personne **« fêlée »** n'a plus toute sa raison : dire de quelqu'un **« il est complètement fêlé »** peut s'assimiler à une insulte traduisant l'incompréhension face à son comportement qui semble échapper à la logique.

- **Le dire en provençal :** *fada.*
- **En restant poli :** *il a un grain, fou.*
- **Avec classe :** *faille de la tectonique crânienne.*

Roubignoles…

22 Janvier

Du provençal *roubignoli*, testicules. Ce terme désignait à l'origine les parties génitales du bélier, le « roubin », mais c'est bien connu abondance de « biens » ne nuit pas ; les hommes se sont donc emparés de **« roubignoles »** pour enrichir les manières de nommer leurs propres parties intimes. On n'est pas obligé de les suivre, sauf à adopter un comportement moutonnier…

- **Parties en « r » :** *roupettes, roustons.*
- **En restant poli :** *testicules.*
- **Avec classe :** *centrale atomique.*

Emmerdeur…

Du latin *merda*, excrément, fiente. Soyons direct, l'**« emmerdeur »** est une personne qui a la capacité de « faire chier » : ce qui en cas de constipation pourrait s'avérer utile, mais hélas l'**« emmerdeur »** n'a aucun pouvoir thérapeutique : il s'ingénie surtout à créer des ennuis de toutes sortes à son entourage. Anobli, **« le roi des emmerdeurs »** devient même redoutable.

- **Pour esprits délicats :** *casse-couilles, enquiquineur.*
- **En restant poli :** *casse-pieds, raseur.*
- **Avec classe :** *fâcheux, importun.*

Cochon…

Si son origine demeure inconnue, tout le monde sait que le cochon est un mammifère de l'ordre des artiodactyles. La vision de l'animal se vautrant dans la boue, son odeur forte, et son appétit sexuel expliquent sans doute l'idée de saleté et de lubricité attachée au **« cochon »**. Un travail de **« cochon »** évoquera un travail bâclé ; un **« vieux ou un sale cochon »** désignera une personne libidineuse, tandis que des **« films cochons »** signaleront des œuvres pornographiques.

- **En se pinçant le nez :** *bâton merdeux ; queutard.*
- **En restant poli :** *dégoûtant ; grivois, obsédé, paillard.*
- **Avec classe :** *fidèle de la soue ; Éros de porcherie.*

Bidule…

Origine incertaine, peut-être du picard *bidoule, berdoule,* boue. Sans doute ancêtre du « schmilblick » de Coluche. Sert à nommer quelque chose (mal !) ou quelqu'un (plus gênant !) dont on a oublié le nom. Peut servir à coup sûr pour montrer son dédain, sa répugnance à évoquer une personne : **« Oui, c'est sans doute bidule ! »**

- **Dans la famille « bidule » :** *machin, tartempion, truc.*
- **En restant poli :** *chose.*
- **Avec classe :** *untel.*

Peine à jouir...

Composé de « peine », du latin *peina*, réparation, châtiment, et du verbe « jouir », du latin *gaudere*, éprouver une joie. Cette formule argotique évoque d'abord la difficulté d'une personne à conclure un acte sexuel ; comme insulte, **« peine à jouir »** est plutôt un constat désabusé sur le manque d'entrain, sur la tristesse d'une personne. On peut prendre la peine de lui rappeler le célèbre conseil d'Horace : « *Carpe diem* » !

- **Sans se donner la peine :** *grognon, gueule de con, gueule à caler des roues de corbillard, tristus.*
- **En restant poli :** *déprimé, neurasthénique.*
- **Avec classe :** *homme de peine.*

Déconneur…

13 Décembre

Dérivé du verbe « déconner », construit avec le préfixe « de » et « con » du latin *cuneus*, le sexe de la femme. Les amateurs d'érotisme noteront que le **« déconneur »** est celui qui déconne, donc « sort du con » ; si ce sens n'apparaît plus dans l'usage courant de **« déconneur »** qui caractérise un joyeux drille toujours prêt à s'amuser, il est bon de se rappeler qu'il en est « l'origine »…

- **Pour les amateurs de sorties :** *bringueur, charlot, farceur, noceur, zozo.*
- **En restant poli :** *plaisantin.*
- **Avec classe :** *jouisseur de fond.*

Loser...

Dérivé du verbe anglais *to lose*, perdre. La vie est souvent comparée à un combat : il y a ceux qui montent sur le podium, les gagnants, et ceux qui perdent, les **« losers »**. Dès lors, l'emploi de **« loser »**, outre qu'il montre votre don pour les langues étrangères, peut s'appliquer à deux situations : pour faire un constat déprimant **« quel loser ! »** ou pour émettre une prédiction **« de toute façon, c'est un loser ! »**. On aura compris que pour être un « winner », il n'y a jamais de temps à « perdre » !

- **Si vous n'êtes pas au point dans la langue de Shakespeare :** *couillon, petite merde, minus, nase, raté.*
- **En restant poli :** *perdant, vaincu.*
- **Avec classe :** *un jour j'y arriverai, j'y arriverai...*

Carpette...

De l'anglais *carpet*, dérivé du verbe latin *carpere*, déchirer. Ce petit tapis, souvent placé dans les entrées ou au milieu des salons, a vocation à être foulé par les pieds. Dès lors que l'on traite quelqu'un de **« carpette »**, on lui exprime tout le mépris qu'inspire son comportement servile. L'insulte le piétine et le met donc au tapis !

- **Si vous hésitez à prendre votre pied :** *petite crotte, fiotte, larve.*
- **En restant poli :** *homme sans caractère.*
- **Avec classe :** *homme à terre.*

Quéqué...

Nous sommes ici avec un néologisme dont le caractère récent ne fournit aucune indication étymologique. On peut s'orienter raisonnablement vers une dérivation de « quéquette », terme d'origine enfantine du début du xxe siècle. Traiter quelqu'un de **« quéqué »**, c'est lui rappeler, tout en se moquant de lui, son caractère puéril doublé d'une prétention injustifiée.

- **Dans l'univers des tout-petits :** *petit branleur, petite bite.*
- **En restant poli :** *prétentieux.*
- **Avec classe :** *nano-particule.*

Baleine...

Du latin *ballaena*. Ce grand mammifère marin, longtemps chassé, peut peser plusieurs dizaines de tonnes ; on comprend alors aisément que comparer une personne à une **« baleine »** ou pire à **« une grosse baleine »** n'est pas un compliment mais une remarque acerbe sur sa surcharge pondérale. L'évocation de cette pesanteur peut aussi renvoyer à l'absence de subtilité.

- **Terrien ou marin :** *grosse vache, thon.*
- **En restant poli :** *enrobée, grosse.*
- **Avec classe :** *cétacé, c'est trop...*

Masse…

17 Janvier

Du latin *massa*, pâte. Ici, le terme **« masse »** renvoie d'abord à un contexte électrique : **« mettre à la masse »**, c'est relier les points d'un circuit à un conducteur commun ; mais dire à quelqu'un : **« tu es complètement à la masse »**, c'est lui signaler un problème sérieux de comportement et/ou de raisonnement ; il ne pourra pas dire que vous ne l'avez pas mis au courant !

- **En suivant le même fil :** *disjoncter, péter un plomb.*
- **En restant poli :** *dérangé.*
- **Avec classe :** *cerveau en dérangement.*

Grappe...

16 Décembre

Dérivé du germanique *krappa*, crochet. Si la **« grappe »** est d'abord un assemblage de fleurs, de fruits, disposés autour d'un axe principal, on constate qu'il n'y a pas à forcer la métaphore pour reconnaître aussi dans cette définition les organes sexuels masculins. Dès lors, point n'est besoin d'être fleuriste ou marchand de fruits pour dire à un gêneur **« lâche-moi la grappe »**, manière de le congédier. On notera que les sportifs ont leur variante : « lâche-moi les baskets ! ».

- **Si vous visitez un Salon de l'agriculture :** *casse-toi, pauvre con !*
- **En restant poli :** *boulet, coucou, gêneur.*
- **Avec classe :** *briseur de gonades.*

Lopette...

De « lope », altération de « lopaille », pédéraste passif. Cette injure apparue à la fin du XIXe siècle était censée stigmatiser un comportement sexuel ; aujourd'hui, être traité de **« lopette »** signale surtout un manque de courage ou d'engagement.

- **Si vous trouvez que « lopette », ça ne fait pas chouette :** *chiffe molle, dégonflé, minus, poule mouillée.*
- **En restant poli :** *minable, poltron, trouillard.*
- **Avec classe :** *Cyrano des courants d'air.*

Chiasse...

Construit à partir du verbe latin *cacare*, chier, et suffixe péjoratif « asse ». Ce terme d'abord réservé aux excréments d'insectes a trouvé naturellement (si l'on peut dire !) sa place dans la formule sans détour **« avoir la chiasse »**, pour « avoir peur », attestée à la fin du XIXe siècle. Au milieu du siècle suivant, s'exclamer **« c'est la chiasse »** équivaut au plus classique « c'est la merde », pour « il y a un ennui ». Affaire de consistance…

- **Avec d'autres matières :** *couille, os, pépin.*
- **En restant poli :** *problème.*
- **Avec classe :** *un « hic et nunc ».*

Bouffissure…

Dérivé du verbe « bouffir », de l'onomatopée « buff », ce qui est gonflé. Dans un monde pressé, parfois il est bon de s'arrêter un instant, prendre son temps et préférer par exemple traiter quelqu'un de **« bouffissure »** plutôt que de « bouffi », de même sens, mais plus court ! Dans les deux cas, la personne visée saura qu'elle est considérée comme trop grosse ou très prétentieuse, ou les deux à la fois.

- **Pour les amateurs de la lettre « v » :** *ventru, vultueux.*
- **En restant poli :** *gros, prétentieux.*
- **Avec classe :** *outre à fatuité.*

Jean-foutre…

Un prénom courant, Jean, associé à un terme dérivé du verbe latin *futuere*, avoir des rapports sexuels avec une femme. Probablement que la proximité homophonique avec « s'en foutre » est à l'origine de cette insulte, car se faire appeler **« Jean-foutre »** n'est pas une amabilité, mais un sévère jugement sur une absence de sérieux, de travail ou d'honnêteté.

- **Pour ne pas quitter la sphère sexuelle :** *branleur, déconneur.*
- **En restant poli :** *bon à rien, fumiste.*
- **Avec classe :** *esthète de la désinvolture.*

Gouine…

Peut-être dérivé du normand *gouain*, salaud. **« Gouine »** désigne indifféremment une prostituée ou une homosexuelle ; le terme employé avec un ton agressif développe une connotation péjorative souvent renforcée comme dans **« sale gouine »**.

- **Petit tour dans la famille :** *gouinasse, gougnotte, gougne, gousse.*
- **En restant poli :** *lesbienne.*
- **Avec classe :** *îlienne de Sapho.*

Eunuque…

Du grec *eunoukhos*, qui garde le lit des femmes. Autrefois, c'était un homme châtré qui assurait la surveillance des femmes dans un harem ; aujourd'hui, traiter une personne d'**« eunuque »** ne renvoie plus à cette fonction mais exprime un mépris devant un manque de courage ou de force de caractère.

- **Si vous préférez l'équivalent latin :** *ne pas avoir de couilles au cul !*
- **En restant poli :** *lâche, poltron.*
- **Avec classe :** *mutilé des gonades.*

Jarnicoton…

Henri IV, roi de France, avait un juron familier : « jarnidieu », je renie Dieu, gênant pour un souverain en pleine période de guerres de religions. Son confesseur jésuite, le père Coton, gêné par cet écart de langage, lui proposa de mettre son nom, Coton, à la place de Dieu. Ainsi naquit **« jarnicoton »**. Aujourd'hui, voilà un juron, gentiment désuet, qui peut donner un air rétro à une exclamation de surprise et vous faire passer pour une âme lettrée et élégante.

- **Pour les athées :** *bordel de Dieu, nom de Dieu.*
- **En restant poli :** *palsambleu, sacrebleu.*
- **Avec classe :** *nom de Zeus.*

Démerder…

Construit avec le préfixe « de » et « merde », du latin *merda*. Le rapport de l'homme à ses excréments a toujours été problématique : ainsi la « merde » est vite devenue synonyme d'ennuis, de problèmes, avec cette question angoissante : qu'en faire ? Savoir **« se démerder »** traduit donc une aptitude précieuse à se tirer par ses propres moyens de situations difficiles. Pour un « démerdard », la vie est toujours plus facile que pour un « emmerdé » !

- **Membres de la famille à éviter :** *emmerde, emmerdement, emmerdeur, merder, merdeux, merdier, merdique, merdoyer.*
- **En restant poli :** *débrouiller.*
- **Avec classe :** *prince du plan B.*

Impuissant...

Dérivé du verbe latin *potere*, pouvoir. Devant la bêtise humaine, il y a des jours où l'on peut se sentir **« impuissant »** et l'admettre ; en revanche, l'injure **« espèce d'impuissant »** qui remet en cause la capacité virile d'un individu peut susciter de « vives réactions ».

- **Pour ceux que rien n'effraie :** *couilles molles, sans couilles, eunuque, mou de la bite.*
- **En restant poli :** *débile, handicapé.*
- **Avec classe :** *homo non erectus, homme sans bannière.*

Chiard...

Construit à partir du verbe latin *cacare*, chier, et du suffixe « ard », souvent péjoratif. L'âge adulte se manifeste normalement par une maîtrise des fonctions naturelles, ce qui n'est pas toujours le cas des petits enfants : le terme **« chiard »** désigne donc un enfant, avec une pointe de mépris qui peut être liée à une exaspération passagère (au moment de changer une couche maculée, par exemple) ou à un rejet plus prononcé de la gente enfantine.

- **À dire en dehors d'une crèche :** *petit merdeux, pisseux, morveux.*
- **En restant poli :** *gosse, môme.*
- **Avec classe :** *avenir à changer (ou à langer).*

Lavette...

Dérivé du verbe latin *lavare*, laver. La **« lavette »** est ce petit morceau de tissu utilisé pour laver et ôter la crasse, la saleté, dans des travaux ménagers ; on comprend aisément alors qu'être comparé à une **« lavette »** n'est pas un compliment mais une insulte pour faire entendre à la personne visée qu'elle s'abaisse à faire n'importe quoi, qu'elle manque de caractère.

- **Pour rester à la maison :** *carpette, chiffe molle, paillasson.*
- **En restant poli :** *minable, transparent, veule.*
- **Avec classe :** *atteint du syndrome de la lavette.*

Bonasse…

22 Décembre

De l'italien *bonaccio*, calme de la mer. Cette étymologie a aussi donné la forme « bonace » employée dès le XIIIe siècle par les marins pour caractériser une mer tranquille. Mais la nature humaine n'étant pas toujours chaleureuse, une personne au visage **« bonasse »**, donc plutôt bienveillant et calme, est vite devenue « simple d'esprit » ou « complaisante »… Être traité de **« bonasse »** n'est donc pas une bonté ! Faut-il garder son calme ?

- **Autres gentillesses :** *bébête, cruche, godiche, niaiseux.*
- **En restant poli :** *faible, mou.*
- **Avec classe :** *bienheureux.*

Chatte...

Du latin *catus*, chat, ce petit félin domestique, amateur de souris, devient au féminin **« une chatte »**, et peut évoquer de manière grivoise le sexe féminin. On comprend dès lors toute la difficulté pour une femme de dire en public qu'elle a une chatte adorable sans créer d'équivoque… ou pour un homme qu'il adore la chatte de sa femme…

- **En restant félin :** *minou.*
- **En restant poli :** *ne rien dire.*
- **Avec classe :** *l'origine du monde…*

Morpion…

Construit à partir d'un dérivé du verbe « mordre » et de « pion » au sens de « pou ». Cet habitant parasite du pubis, auteur de nombreuses démangeaisons, sert aussi à désigner un enfant particulièrement désagréable ; pour s'en débarrasser, **« sale petit morpion ! »** est assez efficace. S'il résiste, on est quitte pour une partie de **« morpions »**…

- **En dehors du pubis :** *chiard, morveux, petit couillon, péteux, polichinelle.*
- **En restant poli :** *casse-pieds, mal élevé, tête à claques.*
- **Avec classe :** *potentiel à poudrer.*

Andouille...

Du latin *inducere*, introduire. Cette charcuterie fabriquée à partir d'un boyau de porc dans lequel on met des bas morceaux de viande fait l'objet d'une vive compétition entre Guémené en Bretagne et Vire en Normandie. Lorsqu'elle quitte le rayon charcuterie, elle désigne une personne dont la faculté de compréhension est sujette à caution ou qui fait le pitre. Là, évidemment, la compétition peut devenir nationale...

- **Si vous êtes rassembleur :** *charlot, grosse nouille, tâche, tête de linotte.*
- **En restant poli :** *bête, nigaud, boyau sans cervelle.*
- **Avec classe :** *néantophile, puits sans fond.*

Idiot…

Du latin *idiotes* et du grec *idiôtês*, simple particulier. La conjugaison de ces deux origines n'atténue pas la dureté de la sentence : traiter quelqu'un d'**« idiot »**, c'est lui signaler son absence d'intelligence, son incapacité à raisonner de manière correcte. Si la personne concernée dépasse la moyenne (ce qui bien sûr peut arriver…), la formule **« triple idiot »** est particulièrement indiquée.

- **Si l'on est pressé :** *abruti, crétin, gogolito.*
- **En restant poli :** *bête, stupide.*
- **Avec classe :** *explorateur de puits sans fond.*

Barjo...

Inversion en verlan de « jobard » dérivé de *jobe*, niais, sot. La racine Job fait allusion au personnage biblique connu pour ses malheurs et son statut de souffre-douleur. Si le « jobard » désigne une personne crédule, l'inversion **« barjo »** s'emploie surtout pour qualifier un comportement inattendu, farfelu.

- **À l'endroit :** *dingue, fêlé, siphonné.*
- **En restant poli :** *fou.*
- **Avec classe :** *l'envers de la raison.*

Nouille...

De l'allemand *nudel*. La consistance molle de cette pâte alimentaire est sans doute pour beaucoup dans son emploi comme juron **« ah, quelle nouille, je fais ! »** lors d'un échec, et dans l'insulte **« quelle nouille, celui-là ! »** pour marquer la maladresse ou l'inertie d'une personne. On notera que les pâtes italiennes (spaghetti, lasagne, tortelloni, gnocchi, farfalle, etc.) échappent à cet emploi...

Les jours sans pâte : *abruti, idiot, lambin, tâche.*

En restant poli : *maladroit, lent, mou.*

Avec classe : *ne pas être « al dente ».*

Grognasse...

7 Janvier

Dérivé du verbe latin *grunnire*, grogner en parlant du cochon, variante de *grundire*, gronder. On sait que la présence d'un suffixe en « asse » n'annonce rien de positif : **« grognasse »** n'échappe pas à la règle ! Son emploi est pertinent pour stigmatiser une femme sans charme (voire laide !) et de surcroît de mauvaise humeur. La nature n'est pas toujours généreuse...

- **Des imperfections au féminin :** *boudin, connasse, greluche, pétasse, pouffiasse, morue.*
- **En restant poli :** *gendarme, mégère, virago.*
- **Avec classe :** *fée sans baguette.*

Nyctalope...

26 Décembre

Du grec *nyctalops*, qui voit bien la nuit. Voilà un mot savant pour désigner une faculté à voir dans l'obscurité ou dans la nuit comme le chat ou le hibou. Mais il n'aura pas échappé à votre oreille que la prononciation de **« nyctalope »** peut servir d'injure, car l'on peut entendre aussi « nique ta lope ». Si cet emploi provoque une vive réaction de la personne visée, vous pouvez toujours répondre **« je ne vois pas ce que vous voulez dire, je suis moi-même "nyctalope" ! »**.

- **Si vous préférez le grand jour :** *enculé, petit pédé, tata.*
- **En restant poli :** *allez voir ailleurs.*
- **Avec classe :** *visiteur de nuit.*

Enflure...

6 Janvier

Du verbe latin *inflare*, souffler dans. Augmentation de volume souvent suspecte quand elle concerne une partie du corps humain, l'**« enflure »** devient une injure quand on l'emploie dans l'exclamation **« quelle enflure »** à propos d'une personne dont on n'apprécie pas la prétention ou le manque d'intégrité. Attention, **« se faire enfler »** ne signifie pas que vous êtes devenu une **« enflure »**, mais bien au contraire qu'une **« enflure »** vous a « soufflé » une bonne affaire.

- **Si vous êtes porté sur la rudologie (science des déchets) :** *fumier, ordure, sac à merde.*
- **En restant poli :** *crapule, malhonnête, voyou.*
- **Avec classe :** *Docteur Jekyll et Mister Hyde.*

Pouilleux...

Dérivé de « pou » du latin *pediculus*. Le **« pouilleux »** est couvert de poux ou d'autres vermines parasites, état souvent lié à la saleté, au manque d'hygiène. Bref, voilà quelqu'un qu'on ne va pas embrasser spontanément même s'il vous ouvre ses bras ! L'expression **« espèce de pouilleux ! »** peut aussi traduire du mépris pour un état social ou économique misérable, ce qui n'est pas très charitable ; mais ici, on ne vous cherchera pas de poux dans la tête !

- **Si cela vous démange :** *crado, dégueulasse, salopiaud.*
- **En restant poli :** *dégoûtant, misérable, pauvre.*
- **Avec classe :** *hébergeur d'insectes aptères ; effet de crise.*

Demeuré...

5
Janvier

Dérivé du verbe latin *demorari*, tarder. Prudence, prudence : on peut **« être demeuré quelque part »**, en d'autres termes « avoir séjourné dans un endroit » ; en revanche, si **« l'on est demeuré »**, sans plus de précision, cela signifie que l'on a un déficit intellectuel... Il ne faut donc pas « tarder » à éclaircir la signification...

- **Des synonymes à demeure :** *arriéré, crétin, débile.*
- **En restant poli :** *bête, stupide.*
- **Avec classe :** *retardé du bonnet.*

Rien…

Dérivé du latin *rem, res*, chose. Voilà un pronom étrange qui peut remplacer beaucoup de choses qui n'existent pas, ou qui ne se réalisent pas ! C'est sans doute pour cela qu'il apparaît associé dans des formules peu aimables pour leurs destinataires : un **« moins que rien, un rien du tout »** (un minable), un **« propre à rien »** (un raté), un **« bon à rien »** (un nul, un fainéant) : dans ce dernier cas, la personne visée pourra rétorquer pour sa défense qu'il vaut mieux être bon à rien que mauvais à tout !

- **Ce n'est pas grand-chose, mais c'est peut-être mieux que rien :** *branleur, boulet, glandouilleur, minus, nase, salopiaud, tocard, zéro.*
- **En restant poli :** *misérable, perdant.*
- **Avec classe :** *phénix éteint, hercule anémié.*

Ducon...

Construit avec l'article « du » et « con », du latin *cuneus*, le sexe féminin. Voici une plaisante variation sur le roi de l'insulte « con » ; il donne à celui qui le reçoit un statut familier et reconnu dans la grande famille des « cons », tandis que l'émetteur, par cette appellation, met en avant la caractéristique principale du récepteur, à savoir la « connerie ». Sous forme d'interpellation, **« eh, ducon ! »** permet une identification infaillible !

- **Pour s'amuser, le verbe éduquer à l'impératif :** *éduque, « éduquons », éduquez !*
- **En restant poli :** *bidule, chose, truc.*
- **Avec classe :** *À qui ai-je l'honneur ?*

Salope...

29 Décembre

Construit à partir du francique *salo*, sale et de *hoppe*, huppe, oiseau connu pour sa saleté. Par sa parenté avec « salaud », ce terme figure en bonne place dans le classement des injures les plus employées. À l'origine, **« salope »** s'adressait à une femme pour condamner son appétit sexuel jugé insatiable ; aujourd'hui, le champ d'application est plus large car **« salope »** peut aussi s'employer pour signifier son mépris à un homme.

- **Pour rester en famille :** *saloperie.*
- **En restant poli :** *femme facile ; crapule.*
- **Avec classe :** *c'est pas joli, joli.*

Caillera...

Du latin *rasicare*, gratter, racler. À l'endroit, il s'agit de « racaille », à l'envers, cela devient **« caillera »** ; mais quel que soit le sens, l'insulte reste la même pour exprimer son mépris à l'égard d'une personne ou d'un groupe dont on condamne les agissements. Attention à ne pas confondre **« caillera »** avec une des innombrables danses pseudo-latines qui apparaissent au début de chaque été.

- **À l'endroit :** *petite frappe, loubard, zonard.*
- **En restant poli :** *chenapan, effronté, vaurien.*
- **Avec classe :** *à l'envers et contre tout.*

Vache…

Du latin *vacca*. Animal sacré en Inde, la vache sert aussi pour jurer et insulter : l'exclamation **« la vache ! »** peut exprimer admiration, indignation ou stupeur ; **« grosse vache »** souligne la surcharge pondérale d'une femme. Enfin, traiter quelqu'un de **« peau de vache »** n'évoque pas une comparaison de son épiderme avec l'épaisseur d'un cuir, mais rappelle son intransigeance et sa dureté.

- **Si on a l'âme hindoue :** *merde, putain ; boudin, pouffiasse ; ordure, salaud.*
- **En restant poli :** *zut ; obèse ; sans cœur.*
- **Avec classe :** *diantre ; déesse callipyge ; cœur de cuir.*

Babouin...

2 Janvier

Il s'agit d'abord d'un singe d'Afrique à museau noir allongé, la racine « bab » étant un abrègement du verbe « babiller ». Être comparé à un animal et *a fortiori* à un primate, donc à un lointain cousin, traduit évidemment une régression dans l'évolution des espèces. Si l'on ne souhaite pas répondre à telle injure, on peut se contenter d'un grognement ironique, ou changer de branche...

- **Pour rester dans la ménagerie :** *face de rat, grosse vache.*
- **En restant poli :** *plouc, il est un peu lourd.*
- **Avec classe :** *cynocéphale sans envergure...*